U0722735

书山有路勤为径，优质资源伴你行
注册世纪波学院会员，享精品图书增值服务

抖音直播带货实操指南

尹晨 · 著

电子工业出版社·
Publishing House of Electronics Industry
北京·BEIJING

未经许可，不得以任何方式复制或抄袭本书之部分或全部内容。
版权所有，侵权必究。

图书在版编目（CIP）数据

抖音直播带货实操指南 / 尹晨著． —北京：电子工业出版社，2023.1
ISBN 978-7-121-43851-6

Ⅰ．①抖… Ⅱ．①尹… Ⅲ．①网络营销—指南 Ⅳ．① F713.365.2-62

中国版本图书馆 CIP 数据核字（2022）第 199814 号

责任编辑：杨洪军
印　　刷：三河市鑫金马印装有限公司
装　　订：三河市鑫金马印装有限公司
出版发行：电子工业出版社
　　　　　北京市海淀区万寿路173信箱　　邮编100036
开　　本：720×1000　1/16　　印张：14.5　字数：232千字
版　　次：2023年1月第1版
印　　次：2023年8月第9次印刷
定　　价：68.00元

凡所购买电子工业出版社图书有缺损问题，请向购买书店调换。若书店售缺，请
与本社发行部联系，联系及邮购电话：（010）88254888，88258888。
质量投诉请发邮件至zlts@phei.com.cn，盗版侵权举报请发邮件至dbqq@phei.com.cn。
本书咨询联系方式：（010）88254199，sjb@phei.com.cn。

♪ 序 ♪

如何成为一名真正的直播带货操盘手

2019年7月，笔者结束了第一次创业，亏光了手上的50万元存款，还欠下了70万元的巨债。那时候，仅仅是每个月要还朋友和信用卡的钱，就有七八万元之多。

想要尽快还清负债，打工肯定不现实，摆在笔者面前的，唯有创业这一条路。那会儿抖音正在崛起，于是笔者顺应形势，将第二次创业瞄准了抖音。

一开始，笔者只是在做抖音的周边服务。后来，才自学剪辑，开始做短视频。直到2019年11月，才正式接触抖音直播。

笔者的第一个直播项目是和别人一起合伙的，选在了服装产业带的株洲。一开始做直播，直播间里的在线人数从来没上过两位数。经过两个多月的摸索和优化，突然有一天就直接做到了8000人在线。笔者和团队的小伙伴都非常兴奋，以为自己掌握了直播的"流量密码"。

结果不到两周时间，直播间的流量持续阶梯式下滑。原先约定的三个月合作周期正好也到期了，算下来这个项目又亏损了80多万元。

2020年6月，笔者接受了第二笔投资，做了女装直播间。由于没有任何数据积累，因此拿不到股份，也没有话语权。但这次皇天不负有心人，顺利做起了三个号，开播后第二个月销售额就破了100万元。三个月后，已经能做到单月销售额超千万元。

在此期间，笔者不断研究各种玩法以及平台的底层算法逻辑，开始形成个人的方法论。

2020年9月，笔者在长沙成立了第二家直播公司，拓展食品、百货等品类。依靠过去积累的成功经验，截至2020年年底，新公司也做到了月销售额超千万元。

年底项目分红，笔者拿到了一笔钱，终于把负债还完，如释重负。而2021年年初，笔者借助feed投放，也就是后来的巨量千川，踏上了GMV（商品交易总额）高速狂奔的列车。从2021年6月到现在，几乎每个月的GMV都在不断创下新高，在实现爆发式增长之后趋于稳定，终于笔者在这个领域取得了一定的成绩。

自2020年入行至今，在这两年多的时间里，笔者从直播带货领域的小白到做出月销百万元的直播间，再到做出月销千万元的直播间；从操盘单个服装直播间，到操盘服装、食品、家居、百货等10多个品类超100个直播间矩阵……

可以说，笔者靠着抖音直播带货，完成了个人的"逆袭"。"穷则独善其身，达则兼济天下。"在专注本职工作之余，笔者也一直在思考，如何让自己的这些经验与技巧帮助到更多有需要的人。

于是在2021年年中，笔者创建公众号"尹晨带货实录"开始输出，并用一年多的时间累积超过30万字的实操干货，使该公众号成为行业内最强的实操输出公众号。笔者凭借自身实力与热爱分享的价值观，逐步成为圈内被众人认可的实力派操盘手。

经过三年多的沉淀，对于直播学习这件事，在笔者看来，一个人行之有效的学习方法无非有三种：

第一种，有厉害的人教你，这可能是最快的学习方法。你可以站在前人的肩膀上，减少不必要的试错成本。

第二种，有系统的方法论可学，这是性价比最高的学习方法。例如，有一本书或者一门系统的课程，你只需要花费一点钱，就可以学到前人总结的经验。

第三种，靠自己摸索，这是最刻骨铭心也是最慢的，也就是笔者自己一路走来的经历。

笔者入行直播带货以来，一是没人教导，自身交际圈很小；二是也没有系统的方法论可学，只能闭门造车。后来一次偶然的机会，笔者听到了一些课程，从而受到了很大启发。

回顾笔者自己的从业经历，如果刚入行时能接触到一本系统讲述直播带货行业一线实操的图书，一定可以少走很多弯路，少踩很多坑。

于是经过近一年的创作与整理，就有了这本书。这本书凝结了笔者从业以来积累的一线实操经验与技巧，没有虚言妄语，而是聚焦实操，力求可以真正帮助一名操盘手处理直播运营中的各项问题。

通过这本书，笔者希望帮助大家系统地了解直播带货的各类知识，并逐步构建自己的知识体系。当然，想要构建这套知识体系，仅仅通过书本是远远不够的，还需要大量的一线实操。

很多人以身居高位为荣，渐渐远离了一线直播实战，而笔者一直以一线直播操盘为荣。

直播公司成立两年多以来，笔者从来没有单独的办公室，大多数时间都待在直播间里。如果直播间的某个岗位临时缺人，笔者立即能顶替；如果直播出了问题，笔者也能清楚并及时解决。

很多人自称"一线实操"，但是在开播时自己独自坐在办公室里，不是待在直播间,而在直播结束后,才召集人马去开会复盘。在笔者看来,这样的人远远称不上是合格的操盘手。

直播带货这个行业变化非常快,很多事情都要亲力亲为。如果只是纸上谈兵,就很难找到直播间的问题所在,也无法及时解决直播中出现的各种问题。包括本书涉及的一些内容,很可能也会随着时间的推移不再准确。笔者会在公众号"尹晨带货实录"上不断更新相关内容,欢迎大家持续关注。

在笔者看来,一名真正的操盘手必须懂得规划直播的整体流程,明确给出周期性的直播方案,并要亲自参与整个直播过程,把控整个直播间的日常工作和各类细节问题。只有沉浸在直播间,才能最快对行业变化做出反应,并能根据实际的直播情况及时做出调整。

"纸上得来终觉浅,绝知此事要躬行。"因此,笔者更希望大家把这本书当成直播操盘的一本"工具书",不要走马观花地去看,而要落到直播实操中。

在"知道"与"做到"之间,有一条巨大的鸿沟。如果你也是一名直播带货的操盘手或在从事直播带货这个行业,这本书一定可以帮助你解决认知上的大部分问题,但不能保证你最终拿到结果。

立足于实操是本书最大的特点,也是本书区别于市面上其他行业图书最大的不同。笔者深信,一名真正的直播带货操盘手一定知行合一,不但熟悉行业的最新动态与玩法,更有超强的执行力,躬身于直播带货的一线实操。

在本书的创作和出版过程中,得到了好友杜金、徐立群的鼎力帮助,他们花费了大量时间甚至通宵帮忙优化稿件,同时也得到了巨量千川产品运营负责人何欣等业界大咖的诸多指点,令本书在保证实操之余,还具备融合行业的高维视角……这份感谢的名单还可以列得很长很长，限于篇幅原因，在此无法一一罗列，但一并表示感谢。

　　最后，祝愿大家在直播带货的实操中，不断取得新的突破，收获新的认知，取得新的成就。

♪ 目 录 ♪

第一章

行业洞察

第一节

不同阶段的操盘手发展规划

一个直播带货公司在不同的发展阶段，会面临不同的难题。能否攻克这些难题，则决定着公司是继续向前发展，还是就此停步甚至走向死亡。所以，一名直播带货操盘手理应根据公司不同发展阶段的需要，去锁定当下的核心问题，并制定相应的解决方案及后续规划。

一、第一阶段：选择赛道

选择赛道是直播带货的第一步，也可能是最重要的一步。

所谓选择赛道，也就是选择自己具体的带货品类，选择自己的行业竞争对手。

在选择赛道时，首先不要跟着感觉走或听信他人的一面之词，而要学会借助各种第三方数据平台，尽可能从数据角度分析与论证，初步选定3~5个意向赛道。其次，直播带货的成败很大程度上取决于供应链、资金、团队能力三大因素。因此，我们要结合这三大因素，去分析初步选择的3~5个赛道。

首先是供应链。如果我们自己有供应链，就去抓取目前销量前十的同行，从价格、利润、质量、售后等角度去对比，看看我们的供应链是否具备一定的竞争优势；如果没有供应链，就要看能否找到靠谱的精选联盟渠道来供货，否则就需要考虑其他赛道。

在分析完供应链之后，我们再去分析资金因素。场地、设备、人员、货品、广告投放等是常见的直播带货成本，这些都需要在直播项目启动之前考虑到。例如，如果我们选定了女装品类，场地装修、主播薪酬、压货成本以及售后成本都会比其他品类高出一截，加起来的总成本可能是我们选择食品百货品类的数十倍以上。这时我们就需要考虑，是否有充足的资金来支撑这个直播项目。

最后，即便供应链和资金两大条件都齐备，我们还需要考虑团队能力是否和选择的赛道相匹配。例如，我们选择做9.9元之类的低价食品，对直播玩法和团队整体能力要求都不高。但如果我们做的是紫砂壶这样的高客单价的商品，直播玩法相对较少，整体操盘难度就会大很多。

以上就是笔者在进行赛道选择时的分析思路。接下来，笔者结合自身两年多的实操经验，总结了值得大家思考和注意的五个要点。

第一，如果你对自己选择的赛道毫无感觉，那么99%的情况下选择都是错误的。笔者的赛道主要集中在食品、家居百货、美妆工具等极大品类，滋补食品和服装也曾涉猎过，但珠宝、酒水、茶叶等赛道从来不碰。因为笔者对这些商品毫无感觉，分不清这些品类商品的好坏，所以干脆就不碰。如果你对选择的赛道毫无感觉，或者脑海里没有一个相对清晰的框架，那建议你再思考思考。

第二，越具备供应链优势，赛道潜力越大。在直播前期，好的货品能降低直播玩法门槛，决定了我们能走多快；在直播后期，供应链能力构成了赛道壁垒，决定了我们能走多远。目前，抖音已经出现了越来越多的柔性供应链，甚至可以根据客户需求，进行反向定制化生产。这些供应链的变化趋势，值得我们关注。

第三，对与赛道匹配的直播玩法做充分调研，尽量降低试错成本。一个好的直播间，不但要有好的货品，也要有与之匹配的玩法。选择赛道后，要多去看看有哪些直播玩法可以相结合。如果你发现很多玩法都不适合你选择的赛道，那么试错成本会非常高，项目失败的风险也较大。

第四，直播带货是为了赚取利润，所以不要局限于卖自己生产的商品。笔者见过很多人，他们都是自己或亲友有什么商品就卖什么商品，丝毫不考虑这类商品本身是否具备市场竞争力或是否适合做直播带货。这样盲目做直播带货的结局，往往都不会太好。

第五，一定要调整好自己的心态，不要着急和焦虑，不要觉得自己晚做一两个月就没机会了。与其没有任何思考和准备就入局，不如在前期谨慎一些，多花一点时间去认真选择赛道。这样无论是时间成本还是资金成本，都远比盲目入局更低。

二、第二阶段：从零到一

选择完赛道之后，就要落地执行了。我们要从零开始，搭建并运营一个直播间，完成从零到一的突破。

在这个阶段，首先我们要扎根商品，并选取匹配的直播玩法。玩法的来源可以是多样化的：我们既可以借鉴优秀同行或多参加对外交流，学习他人的玩法，也可以基于对抖音算法的拆解，自行设计玩法。但无论选择哪种玩法，都一定要立足于商品，保证选择的玩法与自身的商品或供应链情况是匹配的。在正式开播前，一定要提前做好直播流程梳理和其他准备事项，不打无准备之仗。开播后，要事必躬亲，自己带头冲在第一线，不要远离直播间。因为作为直播间操盘手，我们才是最终要对直播间负责的那个人。

一旦开始做直播，账号冷启动失败（"死号"）是很正常的。这时我们需要放平心态，要给团队犯错的机会，毕竟从零起步，出现各种问题再正常不过。在犯错或发现问题后，要不断地去复盘和总结，避免下次重复同样的错误。同时，作为直播间操盘手，我们一定要保持学习和对外交流，汲取外部经验，切忌闭门造车，沉溺在自己的世界里。

经过一段时间（如三个月）的实操，我们基本就能验证出这个直播赛道是否可行，进而完成冷启动，实现从零到一的突破。直播间完成冷启动的标志，通常有如下三点：

（1）直播流量趋于平稳，不再处于新号拉流量阶段；

（2）销售额位于行业中腰部或以上，销售利润能养活团队或获得盈利；

（3）团队基础能力扎实，并且对该品类玩法具备成熟经验。

倘若尚未完成冷启动，我们就需要停下来，分析具体原因。如果商品有问题，就要及时弥补和更换；如果团队能力有问题，就要及时优化或吸纳新的优秀人才；如果商品或团队跟不上，也无法进一步优化，就要考虑及时止损，更换赛道。

三、第三阶段：从一到十

迈过从零到一的冷启动时期后，迎接我们的就是复制和放大直播规模的阶段，也就是从一到十的阶段。一名合格的操盘手在这个阶段需要做哪些工作呢？笔者将主要工作归纳总结为如下三点。

第一，优化现有直播间。不断提升优化能力，将现有直播间推向能力范围内的天花板；同时打造并维护成熟直播间的盈利模型，保持公司的良性运转。

第二，拓展新直播间。拓展新直播间时需要注意，扎根同品类进行拓展的风险，远远小于拓展新的品类。此外，一定要基于爆款，用爆款带动同品类直播间。

第三，拓展新的赛道。我们可以基于现有的成功经验，复制不同品类的直播间。不过，这时一定要降低预期，在新赛道未得到成功验证前还是需要把主要精力聚焦在原有赛道，不可太过分散。

如何判断我们已处于从一到十的阶段？主要有如下三个标志：

（1）单直播间做到行业头部，具备长效经营的壁垒或具备同品类直播间的复制能力，做到矩阵型直播间并盈利；

（2）整个直播团队可拆分为更多的小团队，且都具备独立起号的能力；

（3）直播间销售额处于细分品类中腰部以上，例如，单月1000万~5000万元级别。

四、第四阶段：从 10 到 N 阶段

实现从一到十阶段的沉淀后，就进入了从10到N阶段。在这个阶段，作为操盘手，我们要特别关注两件事。

1. 提高公司抗风险能力

在从10到N阶段，我们要做到两个不局限：不局限单个品类，要使多

品类可实现盈利；不局限单个玩法，要使多玩法可操作。我们要通过不断地扩展品类、能力的边界，来提高公司的抗风险能力。

2. 深挖公司价值

如果销售额增长放缓，我们可以布局下游供应链，压缩成本；如果商品流量波动大，我们可以深挖商品内核，探索品牌价值。此外，我们可以实现业务多元化发展，布局直播带货关联的其他业务，如培训、各类直播服务等。

以上就是操盘手在直播间的四个发展阶段需要关注的重点问题，可供大多数直播团队参考。只有目标清晰且执行到位，方能在激烈的竞争中立于不败之地，从而不断实现新的突破。

第二节

直播销售额 10 亿多元的经验总结

笔者自2019年入局抖音直播带货以来，先后操盘的直播间超100个，涉及女装、鞋靴、家居、食品、百货等20多个品类，累计带货销售额超10亿元，完整经历了诸多直播间的各个发展阶段。在正式讲解抖音直播带货的各项内容前，笔者将个人这三年来带货超10亿元的经验，总结成五句话，与你一起分享。

一、抖音依旧是最好的机会，不要受失败案例影响

哪怕是刚入局抖音直播的人，也会经常听到诸如"抖音太卷了""抖音又变天了""做抖音亏了几百万"之类的话。无须被蓄意制造恐慌的言论影响，相反，比起那些靠操纵认知大发横财的人，你是幸运的。

真正能成事的人，都在践行这个时代最朴素的真理——凭良心做人。

2022年的抖音，普通人依旧在逆袭。

我们都是普通人，谁能保证逆袭的人不会是你，人生在世，博取天命，本身就是极其热血的事情。你要做的，就是坚信，既然抖音是最好的机会，不到万不得已，千万不能放弃。只要不放弃，逆袭就可能是你，如果放弃了，这个人则永远不会是你。

二、选对赛道，积极实操

一旦选错了赛道，资金自不说，时间也白白浪费了。更何况，团队经历了一次失败，自信心也会受挫。抖音直播虽然发展速度很快，但是留给我们一两个月积累经验的时间总是有的。所以最好的入局方式，不是满腔热血的蒙头闯入，而是先给自己两个月的时间，选择一个容易上手的赛道，谋定而后动。

确定了赛道以后，一定要亲自带着团队从零到一完整地走一遍，即便冷启动失败了也没关系，至少积累了实操经验。很多时候，我们对算法的不理解、对玩法的空谈、对流量承载的缺失，都可以通过这些实操去验证。

做直播，实操为王，优先试错，快速迭代。

三、事必躬亲，自己对直播间负责

有很多人自称 "一线实操"，但是当直播间开播时，自己却端坐在独立的办公室里，偶尔拿手机看下直播，直播完才召集团队开会复盘。这样的人称不上合格的操盘手。

如果一开始连我们自己都不亲力亲为，就无法对直播间可能出现的问题进行把控和修正，甚至可能连直播怎么失败的都不知道。等到失败之后又来怪这个行业内卷，说直播带货难做，那也未免太可笑了。真正的操盘手，一定要懂得规划直播的流程，明确给出周期性的直播方案，并在直播过程中以参与者的身份进入日常工作，把控直播运营的各种细节。因为只有沉浸在直播间，才能最快对直播变化做出反应，根据实际情况做出适当的调整。

四、拓展圈子，抹平信息差

抖音直播带货变化快，这已经是不争的共识。为了应对这种变化，除了积极实操，我们还要拓展自己的同行交流圈子。进入一个同频的直播圈子非常重要，在那里你会第一时间同步到很多行业信息，敏锐地察觉行业的最新变化。如果你独自闭门造车，那么大概率会被市场无情地淘汰。

同时，主动向有结果的人学习。这个人不需要比你厉害50倍、100倍。真正值得学习的人，是那些只比你厉害5倍、10倍的人，他们的目标你可以努力追赶，他们的认知和行动你也能模仿借鉴。如果把直播看成江湖，你想成为一名优秀的剑客，就不要选择安逸的温柔之地，而是哪里有高手，你就要去哪里。

五、控制心流，能简单做成的项目注定没有壁垒，但抖音有壁垒

与"做抖音亏了很多钱"相对的是，"做抖音赚疯了"的言论同样不绝于耳。面对这两种声音，笔者的建议是不要在意，不要去看现在直播行业里有多少人赚了大钱或多少人一夜暴富。与其这样贪婪地空想，在一开始就给自己和团队把赚钱的预期拉得太高，不如脚踏实地实现一个又一个小目标，保证自己一直在上升和提高，同时正视挫折和失败。毕竟不管什么样的项目，都要经历从迷惑、蛰伏、起步，到爬升、飞跃这样一个曲折过程。

所以，请静下心，把做抖音直播带货当作一次创业，并且正视创业的曲折性，多给自己点时间；请一头扎进去，坚持不要动摇，只要留在场上，就会有好机会；最后，请狠下心，如果你觉得去年已经很努力，那么咬咬牙，做到比去年更努力。

只有控制好心流，调整好心态，才能不断积累和沉淀，直到真正拥有别人无可取代的壁垒。

第二章

团队组建

如何打造一个专业的直播带货团队？直播间都需要配备哪些人？怎么招聘到好的主播？……这些看似基础的问题，往往是大多数新入局抖音直播的团队所面临的第一道难关。

直播带货作为一个新兴行业，相较传统行业而言，无论是岗位设置还是人员招聘、团队协作，都有很大的不同。不同的直播模式需要不同的团队架构，不同的岗位从招聘面试到绩效考核也有很大的差异。

本章将结合笔者三年多的实操经验，为大家逐一讲解关于直播团队组建的专业知识。

第一节

如何搭建匹配模式的团队架构

先抛出一个观点：关于直播团队的人员架构，几乎不可能有一套放之四海而皆准的解决方案。这是因为每个团队的资源情况、运作模式都不一样，所以与之匹配的团队架构自然也会也应该有所区别。

下面笔者介绍自己直播团队的架构以及这套架构背后的底层逻辑。大家可以管中窥豹，结合自身情况，找到最适合自己团队情况的解决方案。

一、亿级操盘手的团队架构

笔者完整地经历了从几个人的小团队到数百人的中型公司的过程，经过大量的亲身实践和调整优化，最终形成了一套科学合理的团队架构体系，如表2-1所示。

表 2-1 一套科学合理的团队架构体系

部 门	主要人员
直播间事业部	运营负责人、主播、运营 / 客服、场控
公共部门	编导、短视频拍摄、短视频剪辑、广告投放人员、选品人员
后勤部门	行政、财务、仓储物流人员

这样的组织架构只有直播间事业部、公共部门、后勤部门三大部门，非常扁平化，运转效率也非常高。

（一）直播间事业部

直播间事业部具体负责直播间内的管理，组成这个部门的人员主要包括：

- 运营负责人：负责统筹管理整个直播间的各项工作。

- 主播：负责日常直播间的人设搭建、直播以及短视频出镜拍摄。

- 运营/客服：负责直播间的活动策划、直播脚本策划、直播中控台的操作，以及对日常直播的订单、物流的处理，解答售前售后问题。

- 场控：负责配合主播引导直播间用户成交，同时在主播轮班时接替主播的工作。

直播间事业部实行运营负责人中心制，一切工作和人员调度都要服从运营负责人的安排。对于成熟的直播间而言，运营负责人才是一个直播间的灵魂，而不是主播。一个运营负责人可以管理多个直播间，能力越强，管理的直播间越多。

运营负责人可以从直播间内部筛选出来，且大多来自运营这个岗位。

我们可以多留意优秀的运营人员，发现有潜力的人选后就要着手培养。运营人员除了日常直播间的运营工作，往往还会兼任客服的角色，解决售前售后的一系列问题，这样便于其更全面地了解直播间的整体情况。

另外，单独说一下场控。场控扮演的是"第二主播"的角色，协助主播进行商品展示，营造直播间气氛。有些能力较强的场控，经过一段时间的实践和培养，就可以正式转为主播。

（二）公共部门和后勤部门

公共部门，指的是为所有直播间服务的配套部门，主要人员为编导、短视频拍摄、短视频剪辑、广告投放人员、选品人员。

这些人员不专门为某个直播间服务，而是共同为所有的直播间提供短视频拍摄、选品、广告投放等服务。这样可以最大化相关人员的工作效率，不会造成人员冗余。

在笔者公司，公共部门是编导负责制，短视频拍摄和剪辑人员要服从编导的工作安排。广告投放人员视工作能力情况，负责一个或多个广告账户的投放操作。

需要特别说明的是，选品人员指的是与外部供应链或商家合作的人员，主要负责对接商品，而不是直播间内的选品。直播间内的选品，依然要由直播间运营负责人来做决策。

后勤部门主要包括行政、财务及仓库物流等后勤人员。

二、团队架构的原则

以上的直播团队配置，并不适用于所有团队。对于负责直播间运营的部门来说，一定是先定直播模式，再选择匹配该模式的直播间运营团队。

如果是活动起号直播模式的直播间，就不需要短视频编导、拍摄和剪辑人员；如果是不需要主播出镜的手播模式，甚至连主播都不需要。

如果是短视频测爆款模式的直播间，则一定要配备短视频制作人员；如果是付费投流模式的直播间，则需要专门的投放人员；如果是做内容流模式的直播间，则一定要有强大的编导团队去策划运营优质的内容。

除后勤部门人员外，不同直播模式所需的主要人员如表2-2所示。

表2-2　不同直播模式所需的主要人员（除后勤部门人员外）

直播模式	主要人员配置
活动起号	主播、运营、场控
短视频测爆款	主播、运营、场控、短视频制作人员（编导、拍摄、剪辑）
千川单品（或涉及千川投放的模式）	主播、运营、场控、短视频制作人员、广告投放人员
内容流	主播、运营、场控、编导团队

此外，某些岗位可以一人身兼多职。除了上文提到的运营可以兼任客服外，能力较强的短视频制作人员，一个人也可以身兼编导、拍摄和剪辑三个角色；如果广告投放的体量不大，运营也可以兼顾广告投放的工作。

综上所述，直播团队大多没有一成不变的团队架构，而要结合自身情况确定，并在工作实践中不断调整。

第二节

如何进行人员招募

如果我们是从零到一组建一个新的直播团队，那么在明确团队架构后，就进入人员招募环节了。接下来，我们来看看各个岗位该如何进行招聘与面试，才能更好地找到符合我们要求的员工。

一、操盘手的招募

首先，让我们聊聊如何找到靠谱的操盘手，也就是直播间负责人。

很多人都希望能够招募一名优秀的操盘手来直接负责整个直播间的操作，这样会节省很多的试错成本。但现实情况是，优秀的操盘手往往不可能通过常规渠道招聘而来。

笔者认为，一名优秀的操盘手至少需要具备如下三大能力：

（1）在个人直播带货经验中，有主导账号从零到一的，并达到至少单月百万级销售额的能力。

（2）熟悉整个抖音生态，能够基于所选赛道，系统化搭建运营方案的能力。

（3）在具体的日常工作中，从核心的人货场，到内容、玩法、规则要有成熟的实操能力。

有上述能力的人，要么已经在别的公司身居高位享受股份分红，要么就是在独立创业，所以很少会通过常规渠道去求职。

通过朋友引荐或猎头推荐等方式，我们也可能接触到一些操盘手。这时，我们应该如何去辨别他的真实能力？

首先，我们可以让其提供过往的一些案例和数据，由此去推断他的能力。例如，做过什么直播间，在哪个城市哪家公司做的，用什么模式做的，销售数据怎么样。通过这些内容，大致判断这个人的能力水平是否符合我们的预期。当然，我们不能只听一面之词，还要让他提供相关证明材料，或者去做背景调查，验证他给出的相关信息。

其次，我们可以挑选算法、玩法、数据等直播带货的专业性问题，让其作答。优秀的操盘手面对这些问题，一定是游刃有余，不但能给出正确的答案，还会给出细节感丰富的实操案例。

最后，我们可以给出他人或自身直播间的案例，让他给出系统性的优化方案。口说无凭，眼见为实。看看他给出的优化措施，能否切中要害，能否真的解决当前问题。

在通过面谈对操盘手的能力有一个大体评估之后，接下来就是把当前的项目信息给对方，让他在三天之内做一个完整的运营方案。我们再通过这个方案去判断其可靠性以及操盘能力。

如果以上两个环节都顺利过关，就到了最关键的利益谈判环节。一名操盘手，不仅需要短期收益，还需要长期效益。例如，每个月有保底的收入，同时对于直播间的利润，可以设置一个分成机制，给多少取决我们对操盘手的能力认可。

我们还可以设计阶梯形的分成机制，例如，完成了多少利润，就给多少分成，完成得越多，分成也会越高，这样就能更大程度地激发操盘手的积极性。

二、主播的招募

聊完操盘手，我们再聊聊主播。

主播分为专业主播和新手主播。很多人往往会纠结：我们是招募专业主播好，还是培养新人好？

笔者的建议依然是根据自身情况而定。如果公司本身有成熟的主播培训体系，培养新人主播是个不错的选择，这样成本相对较低。如果公司本身就是小白居多，那么招募专业主播最佳。哪怕是花重金聘请，都会远比我们招募几个小白主播强。因为对于一家新公司来说，一个专业主播的入场能够极大弥补公司的短板。同时，主播也能用自己的专业带动新人的成长。闭门造车是直播大忌，花钱找个专业主播，把小白主播变成专业主播，一定不是一笔赔本的买卖。

接下来，我们详细说说不同主播的招募方式。

（一）专业主播的招募

专业主播一般是指直播经验超过一年或直播场次超过300场，而且有过自己独立直播、月销百万案例的主播。

我们对专业主播进行面试时，第一步可以询问其过往直播的一些基础信息。例如，做过哪些账号，售卖哪些商品，直播数据情况如何。我们可以先让主播提供具体的账号名称，再去核实相关信息。

第二步，可以重点考察主播对于直播专业知识的理解。一是询问他过往都操作过哪些模式的直播，自己的直播方式有什么特点和优点，以此来判断他是否符合我们当前的直播模式；二是询问他直播间商品排款、流量承接和直播话术等专业性的问题，进一步考察他的专业能力。最好让他提供过往直播的录屏，这样更便于分析。

第三步，可以重点考察他的稳定性，询问他离职的原因以及来面试我们公司的理由。对于一名专业主播来说，如果不是因为意外或者经营问题，一般很少会离开公司，所以离职原因一定要问清楚。例如，他给出的离职原因是不愿意加班，那么我们就要考虑，这样的主播入职后是否能符合直播间的要求。

但凡有经验的主播，对于跳槽的选择也是非常谨慎的。因此当询问他为何来公司面试时，如果他的回答语无伦次，很多时候就是有问题的，需要慎重判断。

第四步，无论前面的沟通多么顺畅，一定不要忘记让他试镜。我们可以将他带到直播间，让他花1分钟的时间快速熟悉下商品，再进行5分钟的试播。在其试播过程中，再去观察他的话术逻辑、直播节奏和表情动作。此外，我们还可以模拟下用户在直播间临时性提问，考察他的临场反应能力。

通过上述四个步骤，基本可以全面考察一名专业主播的各项能力，进而判断他是否满足我们的要求。

（二）新手主播的招募

相较专业主播，新手主播的面试就要简单很多，整个面试过程也可以分成四步。

第一步，看他的外在条件。这不是以貌取人，而是因为主播作为直播画面中的一部分，我们必须考量直播的整体效果。例如，作为一个服装主播，如果自己的穿搭效果都不好，怎么可能有好的转化率？如果美妆主播连自己的皮肤都保养不好，怎么可能说服用户来购买？

第二步，考察他对直播带货这个行业的熟悉程度。一个新手主播可能没有任何直播经验。这时我们可以询问他平时是否观看直播、经常观看哪些直播、对主播这个职业有什么看法等相对基础和有共性的问题。

同时，询问他此前工作的情况。从他过去的工作经验中，分析他有什么亮点、与当前直播工作要求是否契合。例如，招聘服装类主播时，如果对方有过实体服装店销售经验，就属于加分项。

第三步，询问他为何离职以及为何前来面试，借此来考察他的稳定性。很多零经验的新手主播，对于直播带货还没有太多概念，这时就要提前向其介绍主播岗位的具体工作内容，看看是否符合他的求职意向。

第四步也是试播，流程与专业主播相同。但这时我们观察的重点不是他直播过程是否专业，而是他敢不敢面对直播镜头大声开口说话，直播过程是否流畅，情绪是否饱满。

作为一个新手主播，专业能力的欠缺是必然的，如果能较为自信和大胆，就具备了一定的培养潜力。

三、其他岗位的招募

一般来说，操盘手和主播是直播间的核心岗位。这两个岗位之外的人员都属于非核心岗位，对他们的招募要求和面试考察过程可以相对简化一些。

对于运营来说，自然有过直播运营经验者为佳，但如果一时间难以找到合适的人选，那么找到脑子灵活、工作细心、认真负责的人即可。因为运营的常规工作，诸如账号注册、后台操作等内容，只要操作几次即可熟练掌握，难度不大。

场控在前文已经提到，其可以看作"第二主播"，所以我们可以按照主播的要求和面试内容对其进行筛选。当然，要求可以低一些，表达清楚、情绪饱满即可，未必要求一定要有面对镜头的能力。

编导最好招聘有信息流广告制作和优化经验的人，而不是传统科班出身的短视频编导。因为直播带货更需要网感，需要突破传统广告宣传类短视频的制作思维。

短视频拍摄和剪辑人员，应优先招募具备一年以上短视频拍摄剪辑经验者，并查看其过往的作品。同时，可以让他针对我们直播间的商品，阐述他的拍摄剪辑思路，看看是否符合要求。

选品和广告投放人员，在团队规模不大、工作内容不多时，不需要招募专人来负责。选品工作可由操盘手和主播一起进行，投放工作可由操盘手或运营来兼顾。后期如果规模扩大，需要招募专人来负责，也是优先选择有相关经验者，并通过口头询问和背景调查来做进一步分析判断。

第三节

不同岗位的薪酬考核方案

要想打造一支富于战斗力的专业直播团队，自然离不开一套可以充分激励各岗位积极性的薪酬考核方案。

不同岗位的薪酬及考核方案如表2-3所示。

表 2-3 不同岗位的薪酬及考核方案

岗 位	薪酬模式	考核重点
操盘手	底薪 + 直播间利润提成	直播间整体运营情况，尤其是利润
主播	底薪 + 销售额提成	带动直播销售的能力以及直播间整体数据情况；新手主播更注重考核其能力成长
运营 / 场控	底薪 + 奖金	各项日常工作完成情况
编导	底薪 + 部分主播提成	爆款素材的产出情况
短视频拍摄、短视频剪辑人员	底薪 + 奖金	短视频拍摄或剪辑的日常工作完成情况
广告投放人员	底薪 + 奖励或底薪 + 广告消耗提成	广告投放的日常工作完成情况

这套方案虽然不能说100%适用于所有团队，却是笔者经过100多个直播间的操盘实践形成的最佳方案。方案设计的出发点，是既保证各岗位的基本收入，又提供充分的激励。

底薪部分，不同的城市差异很大，我们可以参考自己所在地区的行业平均水平来设定。至于提成部分，大家也可以根据自身情况设定，并灵活调整。

我们可以看到，操盘手、主播、编导这三个职位，薪资结构多是"底薪+提成"的模式，但具体的提成计算方式有所差异。

操盘手是直播间的第一负责人，在公司内大多是合伙人或股东级别的角色，所以大多要拿直播间销售利润的提成。对于这个职位的考核，应当是其负责的所有直播间的整体运营情况，尤其是销售利润。如果是新招募的操盘手，往往需要一个磨合期，如1~2个月。如果过了磨合期，直播间的整体情况仍然达不到我们的预期，就应该考虑及时止损。

如果主播使用新账号，则短期内很难实现盈利，所以可以根据直播间整体数据的增长情况，对其发放一定的奖金。如果使用成熟或盈利的账号，则建议以销售额提成的方式对主播进行激励。对于主播的考核，也应区分新手主播与成熟主播。对于新手主播，考核重点是其进步的速度，对应到直播间里是各项数据的增长情况。对于成熟主播，除了直播间数据，还应重点考核直播间的销售情况。

在以短视频投放为主的直播间，也应该以提成的方式对编导进行激励。编导的提成比例，往往以主播提成为参考。例如，直播间每产生100万元的销售额，主播提成按1%计提（1万元），编导提成按主播提成的20%计提，也就是2000元。

广告投放人员如果承接外部公司的投放服务，一般也会按广告投放总消耗金额的一定比例计算提成。对于公司内部的投放，广告投放人员则和运营、场控、短视频拍摄、短视频剪辑等人员一样，收入结构为底薪和奖金。这些岗位都是一些日常的事务性工作，不需要用各种提成进行激励。如果能尽职尽责地完成本岗位的各项工作，就能拿到相应的薪酬。

同时，为了激励这些岗位的员工，可视具体工作成果，设置阶梯形的奖金予以奖励。例如，可以设置直播间月度销售额达到100万元奖励500元，月度销售额达到200万奖励2000元。这样让大家的收入情况都与直播间销售情况挂钩，更有利于大家齐心协力，做好直播间的各项工作。

另外，分享笔者从业以来对于团队的一些思考和感悟。

首先，一个公司的失败往往不是因为人少，而是人多。很多公司不考虑实际盈利情况，上来就盲目扩大规模，结果一方面人浮于事，另一方面人力成本高昂，久而久之便会难以为继。对于直播带货公司的负责人来说，一定不能有"反正有人，我可以当甩手掌柜"的想法。只有亲自下场，冲在第一线，才能真正了解行业现状和公司情况，不至于因为老是待在办公室而与直播间实际情况相脱节。

其次，一家持续成长的公司，要做到选对赛道、找对团队和懂得分钱。选对赛道是成长的前提，找对团队是成长的动力，懂得分钱才能让这种成长具备可持续性。

最后，永远不要挑战人性。我们一方面要多从员工的局部利益出发考虑问题，满足员工的合理需求；另一方面要从企业的整体利益出发，规范和健全各项企业流程制度，不要过分依赖于某些个人，防患于未然。

第三章

主播培养

"新手主播靠教，专业主播靠练，神级主播靠天赋。"笔者在过去三年的直播操盘中，很遗憾没能遇见神级主播，但有幸培养了100多名新手主播，并帮助诸多新手主播跨越到专业主播，形成了一套行之有效的标准化培养体系。

当下直播电商行业迅猛发展，行业人才尤其是主播极度短缺。很多企业的主播都由跨行业招聘或公司内部转岗而来，是名副其实的新手主播。

这套主播培养体系可以在短短七天时间内，帮助一名新手主播快速成长为入门级的带货主播，同时可以为其长期的能力提升打下坚实的基础。

第一节

七天入门，培养入门级带货主播

新手主播一般都有两个特点：一是没接触过直播行业，二是不知道如何做一场直播。因此，我们需要循序渐进地让新手主播建立从行业、商品到话术等各方面的基本认知，并进行试播和调整优化。

笔者自创了一套用于新手主播的标准化培养体系，经过大量实践，取得了良好的效果。整个培养过程仅需要七天时间。

第一天：了解直播间

在新手主播入职的第一天，应该如何安排工作呢？

很多企业对待新手主播的方法，就是给其一份话术，让其背诵熟练后就直接开播。然而，一个连直播间都没待过的新人，学会了话术又有什么意义？这样做的结果就是，很多主播都变成了"复读机"，只会在镜头前机械地重复固定的话术，直播时有着明显的"背稿感"，没有一丝灵性。

因此，在新手主播入职的第一天，我们首先应该让其对直播这件事有个基本的概念，建立主播对于直播行业的基本认知。

具体来说，在第一天上午我们可以给新手主播提供10个同行的直播间，让他单纯地"刷抖音"，看一个上午的直播。到下午上班时，再询问他一些与上午所看直播间相关的问题，例如：

- 你记住了哪些直播间的名字？

- 这些直播间的场景是怎样设置的？

- 这些直播间在卖哪些商品，什么价格？

- 主播是如何介绍商品的？

- 主播是如何引导用户下单的？

通过主播的回答，我们可以对他的工作态度和悟性有一个基本判断。那些支支吾吾、一个问题都回答不上来的，要么是没认真看直播，要么是口头表达能力有问题。相对而言，有些主播则会边看直播边做笔记，这样勤奋的主播无疑更值得培养。

经过询问后，我们再让其观看两小时左右同行的直播间，随后再重新问一遍与直播间相关的问题。通过对比主播前后两次的回答，我们对其工作态度和能力会有进一步的判断。同时，经过四小时的反复观看，主播也会对直播带货有个初步的概念。

完成第二次询问后，我们就要去教主播正确分析直播间的方法，让其学会从账号、短视频、直播间场景、主播、购物车五个维度去分析一个直播间，具体可以参考表3-1。

表 3-1　直播间分析表

分析维度	分析重点
账号	账号信息、橱窗所售商品
短视频	发了什么作品，作品的拍摄形式如何，作品播放量如何，有什么可取之处
直播间场景	直播间是什么样子的，主播台是怎么搭建的，背景台是怎么搭建的，直播间用了什么道具
主播	主播主打什么商品，商品什么价位，卖点是什么；主播外形有无记忆点，有什么话术，节奏如何；直播间做了什么活动
购物车	购物车里有什么商品，大体什么价格区间，大体什么销量

在第一天的最后，我们还会要求主播在第二天上班前把自己手机或者给定手机中的抖音App推荐页，刷成同品类的内容；同时，至少关注五个同行账号，每天至少观看两小时同行的直播。

这样一天下来，即便一个新手主播，也能对其要播的这个行业的直播间情况有个大致了解，为后续的工作安排做好铺垫。

第二天：梳理商品卖点

新手主播第二天的培养重点是，了解商品，提炼商品卖点。

首先，拿出直播间售卖的全部商品样品，让主播用一个上午的时间自行去分析这些商品的基本信息和卖点。在下午上班时，询问主播与商品相关的问题，让主播就自己的理解对商品卖点做一些输出。在主播自己思考的基础上，再教他完整的商品拆解模型。一个完整的商品拆解模型至少包括商品的使用场景和卖点两大块。笔者用表格进行示例。

第一，挖掘商品的使用场景，可以参考表3-2。

表 3-2 使用场景分析表

需要分析的问题	分析重点
谁会用到我的商品？	用户的年龄、性别、角色、兴趣爱好等
在什么地方会用到？	家中、办公室、路上、车里等
在什么场合会用到？	聚会、婚礼、面试、相亲等
使用时涉及什么人物？	子女、父母、夫妻、婆媳、上下级、朋友等
在什么时间会用到？	具体时间、季节、特定节日等
在什么心情下会用到？	快乐、愤怒、哀伤、忧愁等

第二，结合使用场景进一步提炼商品的卖点，可以参考表3-3。

表 3-3 卖点分析表

卖点类型	分析重点
外观	外包装、颜色、形象、风格等
原材料	特点、创意、级别等
工艺	独特性、原理、特殊配方、大师工艺等
数字	数量、时间、流程等具体数字
地域	气候、地区、地理位置、地形、地貌等
人群	性别、年龄、职业、肤质等
权威背书	商品的设计、生产等领域的专家学者、学术观点、新闻报道、科研成果、明星达人等
品牌理念	商品独特的设计、使用、行业理念等

结合这两张表，就可以让主播再次拆解商品。在下班前，再让主播提交完整的卖点分析表，并让其熟记。

这一天工作安排的主要目的在于，让主播建立体系化拆解商品卖点的习惯，培养"读品"能力，为后续的商品讲解做准备。

第三天：拆解话术

拆解完商品后，第三天的任务是拆解话术。

直播间的话术大致分为活动话术、互动话术、讲款话术、打单话术、逼单话术、回评话术六个类别，如表3-4所示。

表 3-4　直播间的话术

话术类别	话术内容	话术示例
活动话术	表明身份，给出活动理由，介绍活动内容和规则	我们是源头工厂，新号开播，前期不为卖货，就是做推广涨涨粉，马上给所有直播间的粉丝宝宝们送上一份见面礼
互动话术	结合"诱饵"和"规则"，发出行动指令	现在直播间有 50 个宝宝，待会抢到福利的请回来输入"抢到了"，我再上 50 个福利
讲款话术	引入场景，陈述痛点，引出卖点	冬天耳朵干裂的朋友们看过来，今天给大家推荐一款拥有 30 年历史的老牌国货护肤品，专门针对有这个烦恼的朋友……
打单话术	商品上架，发出下单指令	宝宝们准备好，我们场控小哥开始上链接了，倒计时五个数，5、4、3、2、1，开抢……
逼单话术	给出限时限量福利，营造抢购氛围	今天如果不下单的宝宝，等主播下播就再也没有这个福利了，而且今天主播还给大家额外争取了一个福利……
回评话术	回复直播间评论	有姐妹问梨形身材能不能穿，梨形身材是可以穿的，这款裙子就是专门为梨形身材的姐妹定制的……

我们首先给主播一份话术示例，让其阅读几遍后，再根据话术类别，分别给主播一一讲解各类话术的重点。这么做的原因在于，很多新手主播对话术只有笼统的概念，缺乏体系化的话术结构和认知。按照话术类别去拆解，一方面有助于主播化整为零，更快速地记忆商品话术；另一方面方便主播对照着找出自己较为薄弱的话术环节，有针对性地学习和提升。

第四～五天：话术创作与训练

经过前三天的铺垫，主播已经具备了基本的直播能力。第四天和第五天的重点是让主播自己动手，原创一份话术，再勤加练习，直至熟练。

这份话术一定要让新手主播自己去写，而不是现成的话术或者去其他直播间摘抄的话术。学以致用，撰写话术的过程，其实也是主播进一步巩固前几天学习成果的过程。

在让新手主播撰写话术前，我们要告知他一套完整的撰写流程。首先，找到数据亮眼的对标直播间，让主播观看并录制两小时的直播，再通过手动记录或工具转写的方式，将话术完整地扒取下来。其次，根据上文的话术类别，将这份话术进行模块化的拆解。最后，主播结合自身直播间和商品的情况，重新撰写一份新的话术。

在主播独立完成话术撰写后，接下来就进入练习的环节。主播需要模仿对标直播间主播的语气、动作和节奏，练习讲解话术。为什么一开始就让主播模仿？因为新手主播对直播并不熟悉，所以不能奢求一个新人才上播就能有自己的风格和良好的节奏。此时，直接模仿对标的优秀主播是最佳选择。只有把话术提前练习到滚瓜烂熟，正式开播时才不会怯场。

在觉得已经熟练后，主播就可以进行现场演示或录制演练短视频，由相关负责人考评练习的效果。

第六～七天：正式试播

经过前面五天的培养，我们已经完成了新手主播从理论认知到上手练习的完整流程。在最后的两天，主播的任务是正式走进直播间，开始试播。

试播前，我们可以让主播拿着商品，与场控、运营等人员一起练习，完整走一遍直播流程。例如，什么时间需要场控上链接、什么时间开始喊倒计时、报库存等环节，都需要大家一起配合。

随后，我们可以拿一个废弃的账号或新号，让主播真实开播。在试播过程中，再不断地解决现场出现的各种问题，优化话术细节。

在试播熟练之后，一名合格的入门级带货主播也就诞生了。

以上就是新手主播七天的系统化培养流程。没有新手主播培养经验的团队，可以参照上述流程进行新手主播的培养和训练。这套七天培养体系的核心在于，将主播所需的直播能力模块化、系统化。通过对各个模块的拆分练习，我们在保证主播基本能力扎实的基础上，让主播理解的直播"所以然"。当然，在实际操作中，我们不必拘泥于上述时间和流程，而可以根据主播以及自身直播间的具体情况，进行灵活调整。

第二节

新手主播常见的六个问题

前文说完了七天的培养体系，接下来看看新手主播具有的共性问题。对这六个常见问题，我们需要在培训乃至招聘环节多加注意，并及时解决。

一、镜头表现力差

很多新手主播的镜头感比较差，可能私下里谈吐清晰，落落大方，但一到镜头前，就跟换了一个人似的，表现得非常不自然或者没有情绪上的感染力。

针对这种问题，我们首先要做的就是让新手主播勇敢地直视镜头，把自己放在整个镜头里最上镜的位置。克服镜头的陌生感没有捷径可走，最有效的方式就是直面镜头并多加练习，在不断的练习和调整中去主动适应镜头，找到令自己舒服的位置和状态。

其次，一定要让主播保持饱满的精神状态，不要垂头丧气或懒懒散散。最好是面带微笑，多说说笑笑，多点表情和动作，不要做没有感情的"卖货机器"。

最后，从眼神到表情再到话语，都要真诚而自信，要发自内心地相信直播间的商品，可以帮买家解决他们当下的问题。当一个主播自己都不了解或者不相信直播间里的商品时，又怎么可能展现出足够的热情和说服力，让用户信赖并且下单呢？

二、有心理障碍

有些新手主播会有心理障碍，即便经过了七天的培训，在正式开播时还是会紧张到浑身发抖，甚至不敢开口说话。

针对这种问题，我们需要直播间的其他人员，如运营、场控多与主播交流配合，缓解其紧张的情绪。下播时，运营负责人也应该对他多加鼓励，给他更多的情绪支持。

如果有条件，我们可以让新手主播先不要试播，而是到已经开播的直播间，在场控的岗位上做几天。这样可以让他与现有的主播近距离接触和配合，有助于他熟悉真实的直播间环境，调整好自己的心态。

三、话术较差

如果新手主播的话术部分比较薄弱，那么除了模仿对标直播间的话术，还可以让他练习一套万能的话术。

这套话术结构由提出问题、放大问题、解决问题、打消顾虑、逼单五个环节组成，环环相扣，适用于绝大多数直播间。

"提出问题"的要点在于，用预设问题的方式主动抛出商品的使用场景，开篇就回答所有客户都会面临的问题——"为什么我需要这款商品"。具体细节，参见上文的表3-2。

"放大问题"有两个方向，一是放大商品的正面影响，突出商品带给客户的收益或；二是放大商品的负面影响，如焦虑、恐惧、危害等。总体来说，就是我们在营销中经常会提起的，找准客户的痛点、爽点和痒点。痛点是恐惧，潜台词是"我不这样做就会导致怎样严重的后果"；爽点是需求被即时满足，潜台词是"心心念念这么久，没想到这么快就得到了/实现了"；痒点是满足人们美好的自我想象，潜台词是"我买了这个，就能成为那个更好的自己了"。

"解决问题"的核心是，阐述商品卖点，告诉客户为什么要买。除了上文提及的表3-3，我们还应该力求话术的精准。例如，商品是七彩儿童灯，原话术是"炫彩变色，温馨陪伴"。如果精准地面向父母群体，话术就可以改成："绿色扮妖魔，红色当火炉，睡前给孩子讲个降魔故事吧，七种灯光随心变换，宝宝超喜欢！"这种阐述卖点的方式，就不是单纯的数据堆砌或者自嗨式营销，而是带着使用场景、使用人群的，有针对性地精准打击。

"打消顾虑"的重点在于，给出一个客户要在这个直播间购买的理由。这个理由可以是品牌背书、名人推荐、独家的专利技术，也可以是大量客户的真实好评、更高的性价比或更好的售后保障等。

最后，就是"逼单"环节，让客户不要犹豫，立即在直播间下单。常用的方法是，给出限时限量的福利活动，如换季清仓、新品上市、新号开播优惠等，传递商品和优惠的稀缺感。

四、没有自己的直播风格

新手主播没有自己的直播风格是很正常的，但不能一直没有自己的风格。与其让新手主播一开始就即兴发挥，不如让其多模仿优秀的专业主播。

我们可以让新手主播找到对标直播间中自己最喜欢或从自身条件出发最容易模仿的主播，然后从话术、语速、语气、直播节奏甚至手势动作等各方面进行像素级模仿。先有模仿，才能后有超越。在能够完整地模仿高人气主播进行一场直播后，主播再经过反复的直播实战优化和调整，就不愁找不到自己的风格了。

五、没有直播节奏

新手主播往往对直播间的掌控力不强，缺乏一定的直播节奏。这时，一方面需要拆解高人气、强节奏的直播间案例，拆解并模仿节奏感强的主播在直播各环节时的行为与节奏变化；另一方面需要直播间场控和其他"气氛组"人员的巧妙配合，与主播一起共同营造出一个良好的直播氛围，帮助主播找到舒服的直播节奏。

六、心态不稳，容易离职

这可能是新手主播最常见的通病，很多主播工作不了多久，心态上就出现问题，进而离职。

解决这种问题的方法首先应该前置在招聘环节，在招聘主播时多做些背景调查，设置一些与心态测试相关的问题，筛选出心态较好的新手主播。同时，在新手主播到岗后，要尽快对其进行专业主播的技能培训，尽可能让其提前了解直播中可能出现的各种问题。在个人待遇方面，应当尽量坦诚地给出较为合理的薪酬，而不是画大饼给出过高的预期，避免因为现实不符合预期而导致的中途离职。

第三节

持续提升，专业主播的能力拆解

按照笔者前文所述的七天培养体系，足以让新手主播从直播小白变成入门级主播。如果想要培养一名专业主播，则还要知道专业主播应该具备的各项能力，然后再对主播做长期系统性的培养与训练。

具体来说，一名专业主播应当具备如下四大能力。

一、熟练的话术讲解能力

熟练的话术讲解能力是一名专业主播的核心能力。工匠靠手谋生，主播以口卖货。没有熟练的话术讲解能力，是不可能赢得客户的信赖进而让其下单购买商品的。

开播前，主播需要学习话术的拆分、融合，撰写原创的话术并练习熟练。开播后，主播需要在直播实战中去锻炼话术讲解能力，同时不断地复盘、优化。如此日积月累，才能熟练掌握各类话术讲解技巧。

多上场实操，永远是新手主播锻炼话术能力的最佳法宝。但有很多新手主播，每次上播时都恨不得少直播几小时，并不珍惜这难得的上播机会。其实，不是每个直播间都愿意让一个新手主播去发挥的。对于上进的新手主播来说，每次上播都是一次锻炼的机会，不要轻易错过。

对于企业或操盘手来说，多让新手主播进行直播实操，才会让新人快速成长。同时，还应通过录屏工具，把主播的每一场直播都录屏保存。这样每次下播后，都可以要求主播根据录屏去复盘，寻找自己的问题，不断优化现有话术结构。

新手主播优化话术的另一个方法，就是研究对标竞品直播间，学习别人的优秀话术。

在这样做之前，可以先让主播自行去发掘，看看自己哪个板块的话术是最薄弱的。这样在拆解学习竞品话术时，就不至于没有方向。如果讲解直播间福利活动的话术有问题，主播就要重点拆解竞品的活动话术；如果是逼单话术有问题，对应地就去拆解竞品的逼单话术。

我们不期待新手主播能每天自我学习，而要给出待拆解的目标直播间，让主播每周定期去学习优秀同行的话术，并且做好笔记。

综上我们可以发现，上播前要让一个新手主播掌握一套固定话术；不断直播和复盘是练习和优化现有话术的过程；学习和拆解优秀同行话术则是进一步优化的过程。

二、流量的实时掌控能力

流量的实时掌控能力，就是要让新手主播知道直播间内不同流量的状态代表什么意思，从而明白自己应该如何去应对。

新手主播不一定要熟知算法，但一定要对算法有所了解，要知道算法对直播间标签、权重、指标等各个属性的考核。如果主播不了解算法，当遇到一些流量波动的情况时就无法准确判断问题发生的原因，也就无法找到相对的解决方法。

例如，在一场直播开始时，在急速流量快速进入之后，直播间流量可能出现大幅下滑的情况。如果主播知道极速流量的属性，就不会单纯怀疑是自己承接的问题。再如，直播过程中在线人数的持续下降，如果主播知道这是算法在做实时计算和流量分配，就不会追着运营问：为什么流量这么低？是不是账号要死了？

所以，让新手主播建立对算法的认知，目的不是让主播去死记硬背所谓的理论知识，而是透过算法去了解各类流量波动问题背后的根本原因。在相对准确地了解到问题的原因之后，我们要做的就是教会主播在遇到不同的流量问题时，该如何去应对。

例如，直播间在线人数突然下跌、上升，怎么办？直播账号突然限流，怎么办？直播间没人互动，怎么办？……对这些直播过程中的常见问题，我们需要跟主播去沟通，找到解决办法。

笔者最常用的方法是在每场直播之后，准备好两样东西：一是抖音小店后台的在线流量图，二是直播录屏。然后针对直播过程中遇到的问题，找到对应时间的那段录像和主播一起观看，详细了解当时主播说了什么、做了什么、哪里有问题，并协助其找到解决方法。

通过这种方法，我们可以让新手主播熟练应对直播间的各类常见问题，进而牢牢地掌控流量，提升直播间的流量转化率。

三、主动的自我学习能力

笔者公司的优秀主播大多具备一个共性，就是主动学习能力非常强。

有些不努力的主播，还没播到点就坐不住了。你能明显感觉到他的状态在下滑且注意力不集中。作为对比，主动学习能力强的主播基本都会要求多播一点儿时间，甚至在每场直播结束后，哪怕公司不组织复盘，自己也会单独复盘。有些主播即使卜播后，也不会马上回家，而是在公司观看同行的直播间，同时认真记笔记，记下同行值得学习的优点。这样，主动学习能力强的主播往往只需一个月的时间，其直播能力就能出现非常大的变化，进步非常快。

但是在现实中，我们往往招募的主播很少是主动学习能力强的主播。那么，对于培养新手主播的学习能力，有什么好方法？

第一，亮出业绩比较好的主播的收入。因为对于现在大多数年轻主播来说，梦想对他们没任何意义，能多赚钱是驱动其学习最直接的方法。尤其在小城市，很多主播自己都不相信只要好好播就能月入几万元，这时拿出别人的结果就是最好的证明。

第二，从方法论上进行系统性培养。如何拆解账号、话术以及提炼商品卖点……这些能力，新手主播是无法通过背话术而凭空获得的，而是需要系统性的方法论以及自身的主动学习才能获得。高工资可以激发主播的斗志和动力，而系统性培养体系则能将主播的斗志利用起来，让其养成主动学习的习惯。

第三，需要一套有约束力的薪酬体系。不要太过期待主播会主动学习，有些主播不但不主动学习，反而会偷懒。此时一套有约束力的薪酬体系，就能有效防止这种现象的发生。

此前笔者公司的薪酬体系是简单的底薪+提成，后来全部调整为底薪+时薪+提成+罚金。底薪取当地直播从业者的平均薪酬，主播只要正常出勤即可拿到。时薪则是鼓励主播多延长直播时长，直播时间越久，拿得越多。提成则是日常的佣金分成，分得越高，对主播的鼓励越大。最后是罚金，即违反了什么规则，就要遭受怎样的罚款。例如，直播间话术违规，笔者公司的主播就要接受50~300元不等的罚款。

最后一点，给主播提供很好的学习机会，让其多出去走访优秀的直播间。闭门造车是大忌，光在网上看直播不够，有机会还要带他到优秀的直播间去参观学习。那种身临其境感受到的差距和冲击，比任何网络画面都震撼人心。只要是想成功的主播，都会在走访后主动提升对自己的要求。

四、良好的心态管理能力

直播间大多都会面临各种流量波动和意外情况，这就要求专业主播具备良好的心态管理能力。

首先，我们要筛选出有潜质的主播。

从主播招聘环节开始，笔者就会对主播的心态管理能力进行测试。在新主播面试中，有一个环节就是试镜。如果主播在临时试镜中，连话都说不出来，或者支支吾吾地卡壳，那么笔者基本不会选择这个主播。原因在于，主播连随意发挥都胆怯，那么后面心态崩溃的事情就会经常出现。相反，有些主播在试镜时，不论说得对不对，都能滔滔不绝，非常流畅。这样的主播大多数心态管理能力都很强。

其次，对于新手主播，必要的培训和沟通可以帮助其树立一个良好的心态。例如，在刚开始直播时就培训主播基础的算法知识，同时提前告知他，播的是怎样一个号，可能开播多久后流量大概是什么情况，直播过程中可能遇到什么问题。把这些提前讲清楚，相当于做了预期管理，这样主播就不至于遇到相应的状况时因为没有心理准备而感到恐慌。

这也是一个降低新手主播离职率非常有效的方法。很多新手主播不懂账号的流量逻辑，在看到直播几天都没效果后，就直接不来公司了，连让公司解释的机会都没有。

最后，想要具备良好的心态管理能力，还需要主播自己多去直播，多去经历。很多问题，只有主播自己经历过才知道到底如何应对。对于公司来说，主播表现不佳时固然要严格指出问题，但是也不要一味强调主播的责任，否则只会让其心理压力越来越大。

对主播的心态管理，还应包含对其负面心态的管理。何谓"负面心态"？例如，有些主播看到账号有起色了，就开始飘飘然，要么在直播间搞"极权主义"，要么就要挟公司涨薪。那么，如何杜绝主播这些负面心态的影响呢？笔者主要从三个方面着手：第一是账号，第二是直播间，第三是公司。

在账号方面，笔者现在很少有完全依赖单个主播的直播间。只要直播间有起色，很快就会有其他主播搭配轮播。哪怕是人设账号，打造的也是双人设，不把宝押在一个主播身上。

在直播间方面，笔者的直播间负责人永远是运营，而不是主播。主播必须听从运营负责人的工作安排，这样就可以避免主播"一言堂"。同时采用师徒制这种方式，即主播虽然不直接管理直播间，但是可以带新主播，并享受相关的激励政策。

在公司方面，要和主播签订好竞业、肖像权、离职等各类协议，做好法律层面的约束，避免公司利益受损。笔者公司之前就出现过一个案例：有一个直播账号爆了，主播要求公司涨薪超五倍，否则就马上离职，并以侵犯肖像权为由要求删除所有短视频作品。最后公司只能妥协，满足了他的要求。

如同大多数职业一样，主播也需要日积月累的学习与提升。我们可以按照这套能力框架，去综合评估一名主播的专业水平，同时找出主播相对薄弱的能力环节，有针对性地进行培养与提升。

第四章

货品规划

直播带货圈子里有一句话广为流传，叫"选品定生死"。由此可见，对于想要做好抖音直播带货的团队而言，选品是何等重要。说到底，抖音直播带货的本质是电商，而电商的核心是供应链。所谓商品是1，运营是0，即使有再多的运营技巧，如果没有过硬的商品做支撑，最终都不会有什么好结局。

本章就让我们一起来聊一聊如何根据抖音平台的特性选择适合自己的赛道，以及如何科学地选品和组品。

第一节
如何选择合适的赛道

一、红海赛道与蓝海赛道

抖音直播带货有诸多品类可供选择，如服饰内衣、个护家清、智能家居、食品饮料等。从行业竞争角度来说，选择自己的带货品类，其实就是选择自己的赛道、选择同场竞技的对手。而按照市场竞争的激烈程度，通常赛道又被分为竞争激烈的"红海赛道"和竞争较小的"蓝海赛道"。我们在选择赛道时首先应该明确，是想在一片红海中杀出一条血路，还是想在一片蓝海中恣意生长。

"目前抖音直播带货已经是一片红海，越来越难做了。"很多人都听到过这样的话，然而这样的观点未免太过偏颇。

首先，在目前的带货赛道上，只有部分较大品类的竞争进入了红海状态，如服装、美妆、美食等，而其他更多的品类仍然方兴未艾。特别是很多传统企业尚未转型到抖音，这就注定了还有很多品类在抖音直播上依然充满机会。

其次，哪怕在一些竞争激烈的红海赛道，其细分领域仍然可能是蓝海赛道。例如，服装品类是红海赛道，但是内衣、汉服等细分品类却是蓝海赛道。

如何快速判断所选赛道的竞争情况？如果某品类下面已经有很多稳定日GMV（商品交易总额）超过几百万元的直播间，那绝对是红海赛道。反之，如果某品类头部的直播间每天只有几万元的GMV，那就是蓝海赛道。

一旦选择红海赛道，我们就必须明白，迎接我们的将是异常残酷的市场竞争。例如，当我们选择女装这个品类时，就要和很多顶级达人、品牌争抢流量。这时我们自然要掂量下自身是否具备一些竞争优势，不要贸然冲进来。如果选择蓝海赛道，需要注意的则是这个品类是否适合抖音平台。当头部的直播间每天只能卖几万元时，是否说明这个品类在抖音的受众太少，市场空间极其有限？在这种情况下，是否值得去投入？

二、找到自身的优势

"打铁还需自身硬。"无论是选择红海赛道还是蓝海赛道，最终都要看在这个赛道里自身的供应链情况、团队能力等方面，是否具备一定的竞争优势。

很多团队都会犯一个错误，就是执拗于眼前毫无优势可言的供应链。请牢记，"有供应链"和"有供应链优势"完全是两码事。想做好抖音直播带货，最好能找到强势的供应链。有些人只想着快速追逐直播带货的"红利"，亲戚朋友有什么供应链就做什么，随便选个赛道就急急忙忙地入局了。这样做，失败的概率自然很大。

什么叫"有供应链优势"？举个例子：你早上起来发现一个商品，在别的直播间卖得很好，于是给供应商打了个电话。不到两天，这个商品就出现在你自己的直播间了。这才叫有供应链优势。

当然，这并不是说想做好直播带货就必须有这么强的供应链优势。但在选择做某个品类之前，我们至少应该去评估在这个品类下自身能整合到的供应链的生产实力、稳定性以及近期该商品全网的销售数据等情况，再决定是否入局。否则不做调研直接杀进去，最好的结局也只能是爆单后才发现供应链无法进行支撑。

笔者就曾遇到过一个鞋类供应商，谈合作时对方拍着胸脯说自己可以日产万双。合作之后，有次直播爆单了，那次卖了3000双，结果老板就哭着喊着说原材料不足，没法准时发货。

除了供应链，在选择赛道时，自身团队对该赛道的熟悉情况也是一个非常重要的参考因素。相较于直接跟风热门品类，笔者更建议大家选择团队比较擅长或熟悉的赛道。因为如果你对某类商品的目标消费人群一点都不了解，对其行业知识也了解得很少，那么想要把这类商品做起来的难度就会大很多。笔者操盘过女装、美食、家居等多个品类的直播间，但从来不会选择消费群体以男性为主的商品。原因就是，我们团队比较了解25~40岁的女性消费群体，但对男性消费群体的认知并不到位。如果是一个新手团队，而且目前没有特别擅长的品类，又该怎么办呢？在这种情况下，笔者建议尽量选择食品、家居百货等赛道。因为上述赛道目标群体足够大，对团队的资金要求和人员要求都不高，操作起来相对简单。

如果选定了某个赛道，在做了三四个月或更长时间后没有起色，那么笔者建议思考是否要放弃现有赛道，重新做出选择。因为有时候，选择大于努力。当我们选择的赛道和自身优势不匹配，或者不适合抖音这个平台时，再多的努力也不会有好的结果。此时不如重新评估当下的市场竞争动态和自身能力，更换到一个全新的赛道。

第二节

如何科学化选品和组品

一、常见的商品类型

在选定赛道之后，我们要做的就是选定具体的商品进行直播带货。出现在直播间里的商品按照其作用的不同，可以进一步细分为引流款、利润款、福利款、战略款、赠品款五种类型。

（一）引流款：引入流量

引流款是用于直播间引流的商品，通常需要具备极致的性价比和很强的煽动性，进而引发用户在直播间完成停留、互动、成交等动作，最终完成算法在初始阶段的考核。在进行引流款的选取时，可参照如下五个条件：

第一，普适性，即大多数人都认识、都需要这个商品。

第二，较高的认知价格，即大多数人都知道这个商品的日常售价，有一个共同的心理价位。

第三，品牌商品优先。品牌知名度越高的商品，越具备普遍的认知价格，大家的认知度和接受度越高。

第四，较低的采购成本。有很多商品看起来价格不菲，但基于信息差或者自身供应链优势，能够实现较低的采购成本。

第五，与利润款形成差异化。引流款不能与利润款相同或冲突，二者最好有关联，这样有利于连带销售。

我们可以将选取的引流款与上述条件对照，符合的条件越多，直播间引流效果就越好。

另外，很多人在选择引流款时，往往会陷入两个误区。

第一个误区，选择绝对低价的商品，如售价是0.01元或9.9元的商品。绝对低价会带来大量的低价成交用户数据，从而让直播间被打上低价的标签，不利于直播间后续转卖高客单价的商品。

正确的做法是选择相对低价的商品作为引流款。例如，一个女装直播间日常商品售价是100~200元，那么引流款就可以选择成本在80元左右的爆款，以59元或69元的价格让利销售给直播间的用户。

第二个误区，引流款选择了跟主打商品相同的商品。例如，直播间主打螺蛳粉，结果引流款也用螺蛳粉，而这两者都是同样的商品，彼此存在很强的替代效应。这样也会导致用户只关注低价的引流款商品，一旦卖更高价或有利润的商品，就卖不动了。

正确的做法应当是，选择同一消费群体、不同品类或品类互补的商品。例如，一个女装直播间如果主要卖外套，就可以拿打底裤作为引流款。

（二）利润款：打爆直播间

利润款是有一定销售利润的商品，也就是俗称的"正价款"。其目的一是确保直播间实现一定的利润，二是尝试找到爆款，引爆直播间。

为了达到上述两个目的，选择利润款时需要将潜力爆款和常规爆款组合起来。常规爆款很好理解，就是经过市场验证的、相对常规的爆款。潜力爆款则是指那些具有一定基础销量，看起来拿常规爆款作为利润款，可以让直播间有一定销量的爆款。例如，很多食品类的直播间都会卖9.9元的柠檬鸡爪，这款商品就是典型的常规爆款。一般来说，常规爆款的价格设定尽量在保证盈利的情况下比同行直播间低一些，以保证竞争力。

常规爆款在别的直播间已经卖爆过，所以在当前直播间再爆的可能性并不大，因此就需要潜力爆款来作为搭配。在数量的选择上，建议常规爆款的数量略多于潜力爆款，如6∶4的搭配比例。这样的组合方式，既能确保直播间有一定的基础销量和利润，又能做潜力爆款的测试。一旦在直播过程中发现潜力爆款出现了较好的销量，就应该反复进行销售，把这个潜力爆款真正打爆，加速直播间的成长。

（三）福利款：承接流量

福利款是引流款与利润款之间的过渡，是直播间性价比较高的商品。福利款需要具备一定的流量承接能力，一般有如下四个条件：

第一，卖点充分。福利款要么单个卖点很突出，要么具备丰富的多个卖点，可以勾起直播间观众强烈的购买欲望。

第二，性价比高。作为对比，与福利款同样质量、款式的商品，在别的直播间无法享受到如此优惠的价格，进一步给观众提供下单理由。

第三，作为引流款和利润款之间的价格过渡。即便引流款的价位做了相对低价，但一般而言距离利润款的价位还是有较大差距。此时，就需要福利款作为引流款与利润款之间的衔接，去逐步缩小价格差。

第四，不追求利润。福利款的任务是让用户尽可能下单。比起盈利，我们更希望通过福利款承接好直播间流量，再通过大量的成交来提升成交密度，同时"洗"掉低价标签。

（四）战略款：价格锚点

战略款一般是指高价值、高价格、高利润的商品，在直播间起到价格锚点的作用。战略款存在的意义，一是用高价值感去提升直播间整体形象；二是用高价格反衬其他商品的价格实惠。当然，我们希望战略款能够顺利销售出去，获取不错的利润。

购买战略款的一般都是直播间的忠实粉丝，新用户购买的情况则相对较少。

（五）赠品款：诱导下单

赠品款，即用来赠送给下单用户的商品，目的在于诱导用户下单，促成直播成交。赠品款的选取一般需要注意如下三点：首先，赠品款与主打的利润款不可冲突，最好是关联性商品。其次，赠品款应具备较高的认知价格，大多数人认为其日常售价不低。最后，赠品款的采购成本要低，要基于自身的供应链优势，实现较低的采购成本，减少亏损。

二、如何科学化选品

在上一节，我们介绍了直播间里常见的商品类型，接下来就要选定具体的商品进行直播带货，即选品。从商品渠道的来源来看，选品可分为线下选品和线上选品两种。我们分别来看看如何进行线下选品和线上选品。

（一）线下选品

线下选品是较为常见的情况。线下的厂家，可能是来自我们亲友的推荐，也可能是我们自行前往货源地找到的，但无论哪种情况，一定要搞清楚以下三个问题：

（1）厂家和商品是否有资质，能不能在抖音上售卖？

（2）厂家是否开设抖音小店？

（3）这个商品在抖音或其他网络销售渠道卖得怎么样？

找到这三个问题的答案后，我们就可以对厂家的商品进行深入的了解。第一个问题是我们与厂家合作的前提，如果没有资质，就无法合作，也就谈不上选品。第二个问题比较好解决，只是关系到商品上架方式等合作细节，需要提前确认。第三个问题则需要特别注意，因为这大致能反映这个商品在抖音的受欢迎程度。

针对第三个问题，我们有可能会遇到以下几种情况：

情况一，这个商品在淘宝、京东有销售，但是在抖音没有销售。针对这种情况，首先，应该查看该商品在淘宝、京东的销售数据。如果在同类商品中排名不具优势，建议不要做。其次，如果排名有优势，就可以比对抖音上的类似商品，得出大致的参考数据。

情况二，这个商品在全网都有销售，但是因为品类较冷门，销量都普遍很低。笔者不建议你选择这种商品。把冷门商品从零到一地打开市场空间，难度非常大，尤其是当自身的直播能力还不够强的时候。

情况三，这个商品在全网都有销售，但抖音上的商家自播卖得不好，达人带货的数据很好。这是比较常见的情况。可以尝试下这类商品，但会有较大风险。因为达人带货数据很好，很可能是因为自带信任背书。我们如果只是个普通卖家，未必能卖得动。

情况四，这个商品是国外的知名品牌，在国内没有线上销售或者不出名。这类情况多出现在美妆护肤品类上。如果是这种商品，我们要先去淘宝、小红书看看具体销量。如果销量不佳，说明其市场空间有限，不建议选择。

在笔者看来，线下选品的理想情况应该是，该商品在淘宝、京东都有很好的销量，在该品类销售榜上排名靠前，但在抖音上销量一般或者卖的商家不多。这种商品是最有可能成为爆款的，因为其线上的市场需求已经被验证，就看在抖音的兴趣电商场景下能否再次被证实。

此外，为了节约双方的时间，建议大家准备一张通用的供应链对接表，其中列明商品图片、规格、供货成本（含物流、包装）、佣金比例、是否有抖音小店等内容，让线下厂家如实填写。这样我们就可以根据填完的内容，基本判断该厂家是否符合要求，再决定是否与其进一步沟通。

（二）线上选品

线上选品一般有三种情况：第一种是在线下选好商品后，拿到线上去检索，查看其是否具备爆款的潜质；第二种是快速跟品的卖家，即别人卖爆了什么商品，就跟着卖什么商品，爆款一出来，马上就跟；第三种是自己不备货，只走精选联盟（抖音为撮合商家和达人推出的商品分销平台，达人通过分销商家的商品获取佣金）的达人。无论是哪种情况，都需要借助蝉妈妈、抖查查、快选品等第三方工具进行选品。

以蝉妈妈为例。我们打开"抖音销量榜"页面（见图4-1），再选取想要查看的品类，查看销售排名前100的商品。

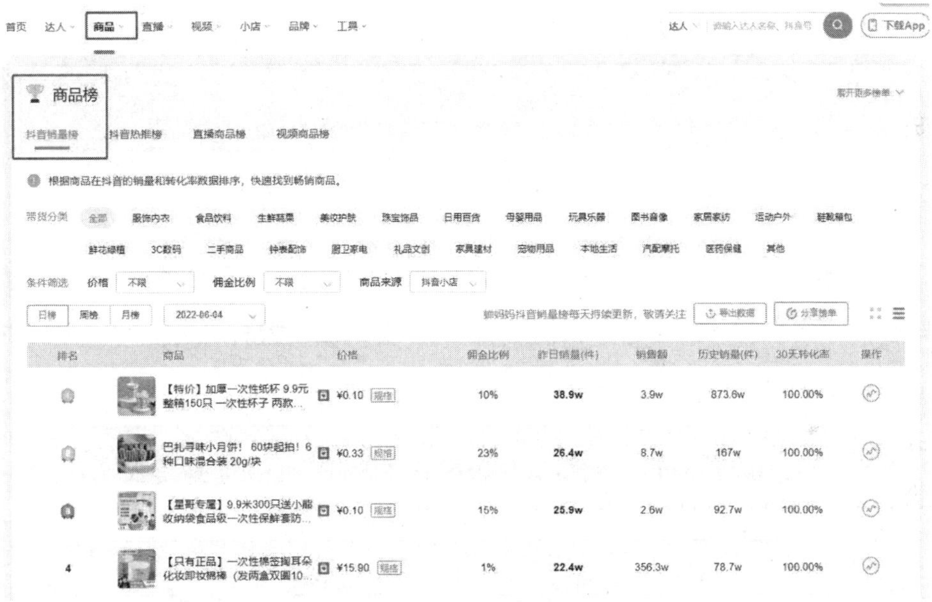

图4-1 打开"抖音销量榜"页面

在页面中点击具体的商品链接，就可以查看此商品的基础分析（见图4-2）、达人分析、直播分析、视频分析和观众分析等详细数据。

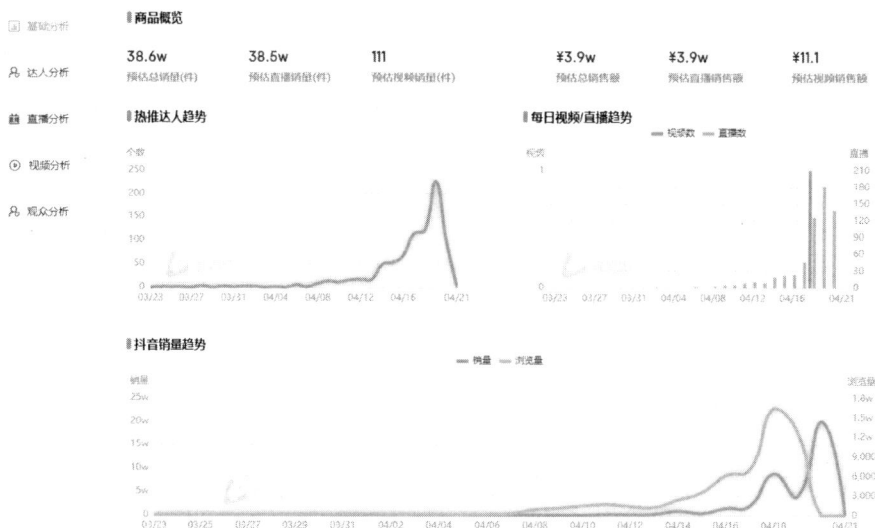

图4-2　基础分析

我们需要从商品榜中选取销量高的且销售渠道主要在直播间而不是短视频的，同时直播模式主要是商家自播而不是达人带货的商品。找到这样的商品后，再查看其销量趋势，重点关注以下两点：

第一点，该商品近7天的数据是否螺旋式上升。如果是螺旋式上升，在未来应该也会有一定的增长空间，可以作为"潜力爆款"。

第二点，该商品近30天的数据，是螺旋式上升，还是在某一时间段突然上升。如果是螺旋式上升，该商品可以作为"常规爆款"；如果是某一天销量陡增，其他时间销量很一般，这样的商品就不要选取，因为销售缺乏持续性。

为了提高选出爆款的概率，建议大家将常规爆款和潜力爆款搭配起来。常规爆款一般很多卖家都在跟，竞争压力大，相对而言，出现大爆发的概率不高。潜力爆款如果选对了，后期销量会有较大的爆发力。将这两类爆款组合起来，可以避免选品错误导致直播间所有商品都销量不佳的情况，同时也不会丧失挖掘潜力爆款的机会。

除了抖音销量榜，我们还可以打开蝉妈妈中的"黑马达人榜"页面（见图4-3），勾选"带货分类"后，查找对应品类的"黑马账号"。

图4-3 "黑马达人榜"页面

所谓"黑马账号"，一般是指粉丝量10万人以内，销量却在该品类名列前茅的账号。找到这类账号后，可以点击账号名称，进一步查看其从开播到现在的直播情况。如果直播观看人数和直播总销售额等数据都在快速上升，那么这就是真正的黑马账号。

发现黑马账号后，下一步就是继续分析该账号的商品销售情况。如果其销售额大部分都来自某个商品，且该商品的累计讲解时间很长、标注有"返场"字样，说明该直播间在反复讲解和售卖这个商品，则可以将这个商品选定为潜力爆款。

如果在该直播间有个商品累计讲解时间很长，且频繁在直播间讲解和售卖，但该商品的总销售额不高，则说明该商品是直播间设置的引流款。这个已经被黑马账号验证过的商品，同样可以作为我们直播间的引流款。

按照类似的操作方式，我们还可以通过抖查查、快选品等第三方工具进行选品。无论是哪个第三方工具，最核心的操作重点都是按品类找到近期的销售排行榜，进而找到近期才出现的爆款或该直播间设置的引流款、利润款、赠品款等不同类型的商品，最终结合自身情况加以选择。

三、如何科学化组品

选定了品类和商品后，就到了组品环节。我们需要根据不同直播间玩法的要求，将引流款、利润款、福利款、战略款、赠品款这五种商品进行排列组合，即组品。

（一）不同玩法中的组品方式

1. 活动起号玩法的组品方式

采用活动起号玩法，最常见的组品方式是用引流款、福利款和利润款三种商品进行组合，即用引流款引入流量，用福利款承接流量，再用利润款获取利润。

我们先思考一个问题：用户为什么要在直播间下单？原因可能有很多，但商品拥有超高性价比、让用户感觉买到就是赚到，是相对容易做到的。因此，采用活动起号玩法离不开各类优惠活动，而引流款往往是必不可少的。

需要注意的是，我们不必拘泥于这种常见的组品方式，而要根据自身实际情况灵活调整。例如，在福利款的选择上，如果主播的转化能力足够强，完全可以不用设置。在厉害主播的直播间，甚至不用引流款，而直接去卖利润款。

如果利润款的卖点突出，足够吸引用户下单，那么也不需要设置赠品款。如果利润款转化率不高，但是又因为价格体系等客观限制不方便降价，就可以将赠品款与利润款搭配在一起，进而提升转化率。

2. 短视频测爆款玩法的组品方式

与活动起号玩法不同，短视频测爆款玩法注重的是短视频流量，因而在考虑组品时，商品卖点能否视觉化呈现才是关键。

这种玩法常见的组品方式是对福利款、利润款和战略款进行组合。

在这个组合中，福利款用于承接流量和打标签，同时作为粉丝专享的福利，引导用户关注直播账号和加入粉丝团；利润款用于创造利润和测试爆款；战略款用于制造价格锚点。

由于不设置引流款，缺乏憋单手段，难以激发直播自然推荐流量（简称自然推荐），因此这类直播间的流量来源主要依赖短视频。只有便于视觉化呈现的商品，才能降低短视频创作的难度，提高短视频爆量的可能性。所以这种玩法的利润款，除了高性价比，还应具备强卖点、强视觉两个特性。

（1）强卖点，即在同类商品中具备明显的竞争优势。这样的竞争优势可以是功能更强大、颜值更高、效果更好、数量更多、价格更优惠、有新奇特的外观等。同时，具备的优势越多，越具备爆款的潜质。

（2）强视觉，是指商品卖点可以通过视觉化的手段展现得淋漓尽致。商品卖点可能集中在听觉、味觉、触觉、颜值、优惠等多个方面，但一定要便于用短视频来加以展示。

例如，一款降噪功能强大的领夹麦克风，可以这样设置短视频内容：

女主播身在嘈杂的工厂里，噪声很大，其他人很难听清她说了什么；女主播戴上这款商品后，声音立刻变得清晰而响亮，没有任何噪声。通过这样鲜明的对比，就可以让观众直观地感受到这款商品优秀的降噪功能。

3. 千川单品玩法的组品方式

如果直播间采用千川单品玩法，那么组品方式中除了福利款、利润款和战略款，还可以增加赠品款。增加赠品款的意义，一是用于逼单，提升转化率；二是用于激发免费流量。

与短视频测爆款玩法类似，千川单品玩法的选品也应具备强卖点、强视觉两个特性。此外，由于这类直播间的流量来源主要依靠千川付费，因此还需要商品具备高利润率、低退货率等特点。其中，高利润率的重要性又远远大于价格低。这类直播间的商品的销售价格未必比同行低，相反一定要留足利润空间。因为在千川单品玩法下，是有投放成本的。如果利润率较低，就无法不断提高投放出价，抢占更多的流量。一般来说，千川单品的毛利润率至少要达到50%。

同理，退货率也关系到退货等售后成本，进而直接影响利润，因而越低越好。同时用户退货后，货款会退还到抖音平台，经过一段时间后才能提现，也会影响投放资金的利用率。具体而言，不同的品类，退货率要求也不同。笔者习惯把食品品类退货率控制在8%以内，家居百货品类15%以内，美妆工具20%以内。当然，退货率一定是越低越好，以上数字仅供参考。

历史总是惊人的相似，往年同季节、同时段的爆款，今年依然有较大的概率会爆。如果将一些二类电商（如鲁班电商）平台的爆款放到千川单品直播间，也可能会再爆一次。因此，在千川单品直播间时，也需要格外留意这点。

最后，有部分千川单品的货品是新奇特商品，如睫毛膏，在商超等传统线下渠道不容易看到，在一些美妆直播间也没有售卖，因此成为爆款的概率也会更大一些。

（二）几个常见的组品问题

在进行直播间组品时，很多人往往会面临以下几个常见问题。

问题一：直播间只有单品（单个商品）或者商品很少，要怎么组品

如果是单品，可用关联商品作为引流款。

例如，卖茶叶的直播间可以用茶杯作为引流款。此外，如果单品毛利润率大于50%，则可考虑采用千川单品玩法，直播间成功的概率会大很多，同时也不需要设置引流款或福利款。

问题二：引流款的价格定多少合适

这个问题没有标准答案，笔者习惯将引流款价格设置为利润款价格的1/3左右，将福利款价格设置为利润款价格的1/2左右。

问题三：组品时，引流款、福利款、利润款各需要多少

不管是什么类型的商品，都需要测试。

以日用百货直播间为例，笔者至少会准备3个引流款、5个福利款，利润款则是越多越好。这样多备几个方案，即便某一款商品销售情况不符合预期，也可以随时更换和调整。

问题四：引流款一定要亏本销售吗

销售引流款不一定要亏钱，但是这个商品一定要让人疯狂地想买。例如，原价60元一箱的旺仔牛奶，卖9.9元会让人"疯狂"；原价200元一件的羽绒服，卖88元也足以让人疯狂。

以上就是选择直播带货品类和选品、组品的常见方法。在实际操作中，大家不必拘泥于这些方法，而要根据自身实际情况灵活调整与运用。

如果我们能够结合市场竞争情况和自身优势，选择合适的赛道，科学化地选品和组品，无疑就会在激烈的行业竞争中占据先机。

第五章

场景搭建

直播电商领域的核心三要素是"人、货、场"。其中，"场"主要是指直播间场景。直播间场景的好坏，直接关系到用户看到直播间的推荐页面时，是否愿意点击进入；影响着用户进入直播间后，是直接滑走，还是停下来继续观看。可以说，打造一个优秀的直播间场景，是做好直播间运营的第一步。

如何打造一个高转化率的直播间场景？如何形成直播间场景搭建的SOP（标准化操作流程）方案？这些问题都将在本章得到一一解答。

第一节

场景搭建的基础常识

一、场景搭建的三大功能区

如果大家经常看直播，就会发现抖音里的直播间场景五花八门。除了门店这种常规场景，还有仓库、工厂、T台甚至田间地头这样的场景。按直播间的真实性，直播间可以分为绿幕直播间（见图5-1）和实景直播间（见图5-2）；按是否有真人出镜，直播间可以分为真人直播和手播（只有手部出现在直播画面中）；按场景类别，直播间可以分为室内直播和室外直播。

无论直播间的场景如何变化，从直播间的整个构成来讲，通常都会具备主推区、商品区、道具区三个功能区。

图5-1　绿幕直播间

图5-2　实景直播间

优秀的直播间一定能够让用户在两秒内就识别主要在卖什么。与之相对应地，就是主播的展示区（主推区）。主播站在哪里，用户进入直播间后就会注意哪里。所以主推区的核心作用是突出主播讲解及展示的商品。

但是，再优秀的直播间也无法保证主推款就一定是用户喜欢的。为了避免用户流失，除了主推区，我们还可以通过货架陈列、商品打堆头等方式向用户展示其他商品。这样一来，不但能延长用户在直播间的停留时间，还有利于增加直播间的氛围感和用户的信任感。这个区域，就是我们常说的商品区。

因为直播的过程是动态的，主播不可能随时都在强调直播间的福利和相关背书，所以为了让用户在刷到直播间的第一时间就能感知到直播间和商品的优势，这时就需要有道具区的存在，用于增强品牌信任度、告知福利活动或者突出那些需要用户知道的信息。例如，运费险、信任背书、直播间里的活动形式等。在实现形式上，如果是用手机直播，可将相关信息用A4纸打印并张贴出来。如果是绿幕直播间，通常会让美工做成贴纸，展示在直播背景上。

二、场景搭建的七大要素

上文我们将直播间场景拆分为主推区、商品区和道具区三个功能区。如果我们进一步拆解这三个功能区的各项要素，就可以得出场景搭建的七大要素，即场地、背景、音乐、灯光、设备、环境、商品陈列。

（一）场地

不同的人员配置，对直播间场地大小的要求不一样。个人直播间一般可控制在8~15m²，多人团队配合型直播间多控制在20~40m²。同样，不同品类的直播间，对直播间场地大小的要求也不一样。例如，美妆类直播间8m²大小即可，而服饰类直播间一般需要更大的空间和景深，以进行衣服的陈列和展示。

在选择直播间场地时，一定要测试场地的隔音和回声情况。隔音不好或回声太大，可采用加装隔音棉、加固木板等方式来解决。有些场地顶部是中央空调，上方是镂空的，这时就需要做封闭处理，以免影响隔音效果。

（二）背景

直播间背景的选择，除绿幕直播间外，建议以浅色、纯色背景墙为主，打造简洁、明亮的基础风格。

例如，我们可以以灰色为主色调，这样不但容易和其他颜色搭配，还会让直播间显得非常干净，更容易衬托灯光效果。从长远来说，如果后续涉及该直播间更换商品、品类，这种百搭的颜色显然更具备普适性。

（三）音乐

直播间可以播放一些背景音乐，以避免直播太过单调。音乐的选择，一是要选择抖音自有版权的音乐；二是不要喧宾夺主，影响主播对商品的介绍；三是根据直播间的氛围和流程来选择音乐。例如，达人在做大场时基本从头到尾都是激昂的音乐，以烘托福利感和大促的紧张气氛。有些直播间还会采用下单声等特殊音效，渲染直播间的氛围。

（四）灯光

有的直播间画面不清晰且有噪点，而有的直播间画面非常清晰且有质感。两者之间的差异很多时候就在于，直播间灯光的角度和位置。

首先，从灯光配置上，我们需要环形灯、顶光灯、侧光灯、轮廓灯的组合。环形灯与直播支架多是一体的，可以提供基础的灯光来源。顶光灯需要足够明亮，才能显得整个直播间明亮。顶部光线打下来之后，主播的面部容易有阴影。所以需要我们再去补一个面部光源，也就是侧光灯。另外，我们还需要轮廓灯。轮廓灯会让整个人的轮廓显得比较好看。

其次，我们要注意灯光冷暖色调的选择。如果是服装鞋帽或彩妆护肤品类直播间，建议选用冷色系的白光，以让商品有最佳的展示效果。如果是美食家居类直播间，建议选择暖色调的黄光，目的是衬托美食的色泽，让用户感觉更有食欲，或者衬托温馨的家居环境。

最后，我们要根据光源与墙壁、人物之间的角度，反复进行调试设置，找出最佳的灯光布置方案。

（五）设备

除了灯光设备，直播间设备一般还包括手机/摄像头/相机、麦克风、电脑、各类充电器等常用设备，以及秒表、计算器等辅助工具，如图5-3所示。

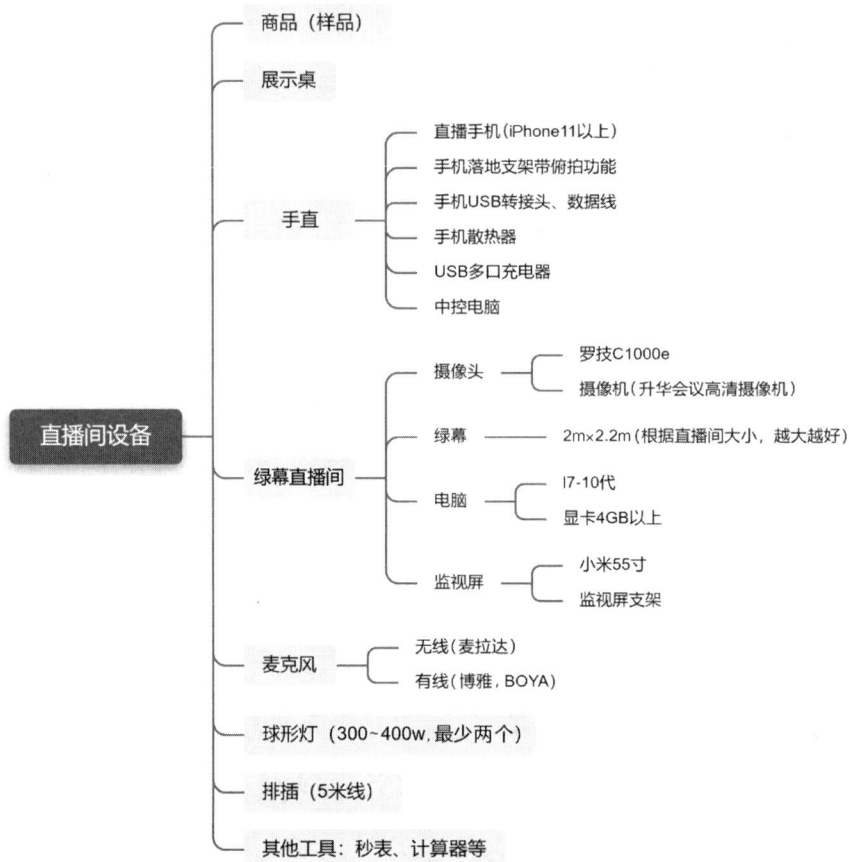

图5-3 直播间设备

在直播讲解过程中，主播经常会用一些小工具进行商品说明。除了秒表、计算器，还有各种展示板和小黑板。例如，服装类直播间就会经常用到尺码表；美妆类直播间则会选用一块小黑板，写上不同肤色或不同场合选用什么色号或款式的商品。

（六）环境

直播间的环境应保持光线清晰，环境整洁。所有出现在直播画面中的物品都应摆放整齐，擦洗干净。例如，服装类直播间为了营造直播间场景的质感，往往需要放置模特，这时就需要根据直播间大小，合理摆放。空间小的直播间不要超过两个，空间大的直播间则需要根据具体情况确定摆放数量。

（七）商品陈列

如果直播间的空间有限，商品可直接摆放在镜头中。如果空间充足，就可以选用匹配商品调性的陈列架进行展示，以突出商品的视觉冲击力。

第二节

搭建高转化率的直播间场景

一、借鉴竞品直播间场景

在明确直播间场景搭建的基础常识后，我们即可着手搭建适合当前商品的直播间场景。搭建直播间场景的捷径，依然是借鉴优秀竞品直播间，从同行那里去获得灵感。

对于同行直播间，首先要确定什么样的账号值得我们模仿，可以通过两种方式去寻找。一是多刷同行的直播间，在抖音的信息流里去寻找；二是在各类第三方工具的榜单上，查找上榜的优秀同行直播间。为了进一步筛选出值得模仿的直播间，我们还可以观察这些直播间的画面是否友好或具备较强的吸引力、其出售的商品与我们直播间的商品是不是同一类型、主打的消费群体是否与我们直播间相匹配，以及整个直播间的销量是否较高。我们通过这些条件可以做出更准确的判断。

选定直播间后，即可结合上文所述，参照表5-1，拆解其直播间场景的各项要素。

表 5-1　直播间场景拆解表

拆解要素	拆解内容
主推区	场地、背景图、主播穿着等
展示区	展示台、商品陈列等
道具区	秒表、闹钟、小黑板、展示板、贴纸等
其他要素	音乐、灯光、环境布置等

拆解完毕，即可动手进行搭建。搭建完之后，我们可以从如下几个方面再审视这样的场景是否合格：当用户进入直播间后，能否在两秒内就停留下来？用户能否在两秒内就知道我们在出售什么商品？商品是否主次分明，主推款是否得到了很好的展示？商品卖点和福利活动是否得到了很好的展示？视觉效果和听觉效果是否让用户感觉舒适，是否匹配品牌和商品风格？整体效果是否匹配账号的人设定位？

在上述内容中，最后一点尤为重要。如果人设是一个专业的服装设计师，卖的是客单价300元的衣服，那么直播间场景要将其塑造成1000元的质感，这才算是优秀的场景。

二、绿幕直播间的搭建

绿幕直播间，也叫抠像直播间、虚拟直播间。相较所见即所得的实景直播间，不少新接触抖音直播的人对绿幕直播间还不太了解，因此我们讲讲如何搭建一个绿幕直播间。

首先是相关设备，笔者常用的绿幕直播间设备如图5-4所示。

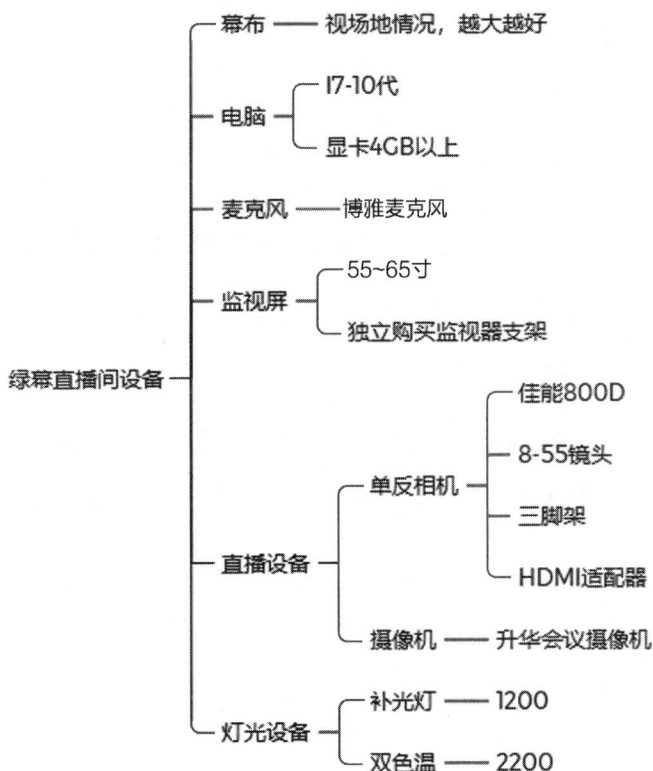

图5-4　绿幕直播间设备

　　绿幕直播间的背景一般是一块绿色的幕布，我们通过绿幕技术设置一个任意的虚拟背景并推送到电脑上。因为是虚拟背景，所以绿幕直播间能突破实景直播间的场地、环境等限制，实现更丰富多样的直播间场景。例如，平时大家在直播间里看到的主播身后播放的短视频，就是绿幕直播间的效果。再如，虽然在工厂里直播能加深用户对直播间"源头"和"性价比"的印象，但考虑到时间成本和收音效果的关系，大部分工厂背景的直播间都是通过绿幕实现的虚拟背景。

　　在搭建好绿幕直播间后，我们需要再通过抖音官方的直播伴侣或OBS推流软件，进行诸如抠像、添加贴纸等处理，经过各种调试达到满意效果后即可开启直播。

　　在采用绿幕直播间时，为了确保良好的直播效果，需要注意以下几点：

　　（1）展示主体不要出现与绿色相近的颜色。主播衣服颜色不能太亮，尽量穿与绿色对比明显的深色衣服，不可花哨。如果无法避免绿色主体的出现，可将幕布换成蓝色。

　　（2）绿幕抠像的最佳距离是1.5米左右。在布置灯光时，尽量让绿幕上没有影子。除了常规灯光，还可单独用一盏灯照亮幕布。

　　（3）直播镜头光圈适当缩小，可以减少人物与背景之间的景深和边缘虚化。

　　（4）避免绿幕上有太多褶皱和暗角。

　　（5）避免人物和物品在直播间内快速移动。

三、直播间场景优化技巧

在模仿借鉴的基础上，我们还需要对直播间场景进行优化和创新。具体可根据如下四点反复推敲，从中寻找优化的方向。

第一，视觉冲击力决定场景点击率，情绪冲击力决定场景停留率。

很多人卖袜子，直播间就摆上一排袜子；卖图书，就摆上一排图书。这样的场景毫无视觉冲击力可言，也无法快速调动用户的情绪，激发用户的购买欲望。

作为对比，图5-5这种场景就可谓别出心裁，用垂下来的西瓜调动大家好奇的情绪，用看起来鲜红多汁的瓜瓤勾起大家的食欲。西瓜皮边缘那种明显的不规则，又很好地契合上了商品"手撕"的卖点，整个场景和商品相互呼应。

第二，越贴近生产流程的直播间场景，越能激发用户的购买欲望；越贴近人设的直播间场景，越能激发用户的信任感。

很多商品摆在货架上往往平平无奇，但展现其生产、加工流程的场景却非常吸引人。例如，有些商品直接采用生产车间或工厂的场景，匹配其品牌创始人或源头工厂的人设。

图5-5 "手撕"西瓜直播间场景

第三，新账号想要取得突破，要从场景搭建上另辟蹊径。

如今想在"人""货"上与竞争对手拉开差距或取得突破已经越来越

难，同行之间"卷"得非常厉害。但在场景搭建上去发力，通过一些创新行为甚至另辟蹊径，往往会以相对较低的成本获得巨大的回报。例如，同样是卖羽绒服，当直播间场景设置成冰天雪地的雪山之后，整个直播效果立即迎来了爆炸式提升。

这里我们也需要注意，场景搭建的创新，要立足于商品销售，不要一味标新立异。有些直播新奇特内容的直播间，看起来人气很旺，销售额却十分惨淡。长此以往，往往不会有好的结果。

第四，爆款商品是最好的"直播间场景"。

直播带货，好商品才是关键。有些商品卖点鲜明、价格劲爆的直播间，在直播间场景上未必需要下很大功夫，一样可以卖得很好。当然，如果有这类爆款，那围绕爆款卖点去搭建直播间场景就更好了。

例如，有一个卖茶油的直播间，直播间场景是茶油和加工与运输发货的场景（见图5-6）。每销售一单，现场用桶装好茶油，贴上快递面单，再放置在快递车上，非常真实，效果也非常棒。

图5-6 茶油直播带货场景

第六章

内容创作

2021年4月8日，抖音电商首届生态大会在广州举行。抖音电商总裁康泽宇在主题演讲中首次阐释了"兴趣电商"概念，即一种基于人们对美好生活的向往，满足用户潜在购物兴趣，提升消费者生活品质的电商。

于是，如何去激发用户的"兴趣"，也就成了每个电商从业者都需要深度思考的问题。在笔者看来，唯有创作优质的内容，为用户提供独一无二的价值，才能适应"兴趣电商"的要求，从而在激烈的行业竞争中脱颖而出。

第一节

爆量带货短视频内核拆解

一般情况下，抖音的内容创作都是指短视频的创作。抖音短视频可以分为很多类型，由于篇幅有限，笔者就不在此讨论所有类型的短视频，而聚焦于直播带货领域。对于直播带货来说，最重要的短视频是用于千川投放的带货短视频。因此，接下来我们以带货短视频为例，谈一谈此类短视频内容的标准及创作法则。

我们在进行带货短视频创作时，一定要避开如下三大误区，以免白白浪费了时间和精力。

一、常见的三大创作误区

（一）坚持无谓的原创

第一个误区，是坚持无谓的原创。很多人，尤其是新手，喜欢一上来就进行原创拍摄和制作，但结果往往都不太好。

以笔者自己为例。2020年5月笔者做了一个服装号，拍摄的是剧情类的短视频。人物设定是店铺老板娘。故事情节大概是每次来店里挑衣服的客户大多正在遭遇生活的不幸，要么被家暴、要么被出轨，每次都要老板娘以救场的方式来塑造正面形象。

短视频脚本由专业的创意人员创作，并安排专业的拍摄、剪辑成片。结果一个月下来，短视频播放量都不到500人次。后来有一次，笔者让运营随便翻拍了一个作品，结果播放量高达50万人次。震惊之余，这也给了笔者一个启示：在进行短视频创作时，不要一味地标新立异，而要多研究大量的同类优质短视频，从中汲取经验和灵感，再赋能自己的创作。

因此，如果你刚刚涉足内容创作，或者在内容创作时遇到了瓶颈，非常建议你先多模仿和借鉴抖音平台上已有的同类短视频内容，而不是自己拍脑袋去胡乱创作。

（二）无谓地追求播放量

第二个误区，是无谓地追求播放量。整天想着短视频能"上热门"，而忽略了创作短视频的最终目的是服务于直播间的销售。

还是以笔者自己为例。笔者曾经操盘过一个家居类的账号，在两个月时间内发布了58个作品，其中有近20个达到了10万人次以上的播放量，更有一个作品的播放量超过了800万人次。这些短视频的播放量虽高，最终导入直播间的流量却少得可怜。因为影响直播间导流效果的，除了短视频播放量，还有从短视频跳转到直播间的点击率。

例如，一条短视频有100万人次的播放量，但由于引导直播间的效果不佳，最终只有2000人次点击进入直播间。然而，另一条短视频虽然只有20万人次的曝光，但由于短视频结尾有引导用户进入直播间的内容，最终引导了1万人次点击进入直播间。也就是说，虽然第二条短视频的播放量只有第一条的1/5，但直播间导流效果是第一条的5倍。

所以我们在进行短视频创作时，千万不要只盯着短视频本身的播放量，而忽略了最终的直播间导流效果。

（三）无谓地追求数量

正常运营的账号每发布一条短视频，基本上都会获得500人次左右的播放量。

于是有人就想，一条短视频可以获得500人次的播放量，那么一天发布10条短视频，不就有最低5000人次的播放量吗？"大力出奇迹"，只要作品数量发得多，是不是就能获取非常可观的流量？

从算账的角度看确实如此，但这种做法是行不通的。因为这种做法忽略掉了拍摄10个作品的时间成本与制作成本。与其靠发大量的劣质内容堆砌无效流量，不如让主播、运营把拍摄短视频凑数的时间节省下来，多去研究直播间本身的问题。

二、优质爆量带货短视频的标准

谈完了创作误区，接下来我们从短视频素材本身来分析一下，哪些是劣质的带货短视频，哪些又是优质的、能爆量的带货短视频。

我们知道，具有直播流量的引导性，能够引导用户进入直播间，是带货短视频跟日常短视频作品的最大区别。衡量一个带货作品的优劣，主要是看其能将多少精准流量导入直播间。

（一）劣质短视频的共同点

那些投放效果差的带货短视频大多具有如下问题。

问题一：只有品宣，没有品效

这个问题通常出现在有一定知名度的品牌身上。它们放不下品牌的身段，只一味强调品牌的调性，而忽视了投放效果层面对短视频制作的要求。最终结果就是，在抖音上拍出了一条又一条广告宣传片。

问题二：内容脱节，商品缺失

这个问题在于内容与商品之间是割裂的，没有很强的关联性。用户可能喜欢观看此类短视频，但看完之后并不会对商品产生任何兴趣。

问题三：商家思维，原生缺失

这类短视频内容多以商家式的"叫卖"为主，而忽略了内容的原生属性，不能迎合平台的需求，导致投放效果不佳。

问题四：追求娱乐，画面混乱

这类短视频太过追求娱乐化或画面杂乱不堪，没有突出商品重点，最好的结果也就是用户看了个热闹，却无法引起用户下单购买的欲望。

问题五：随意拍摄，构思缺乏

我们都知道，在动笔写文章之前，要明确写作的主题和框架结构。同样，在进行短视频创作前，如果不加构思，随意拍摄，自然不会有好的效果。

问题六：模板老化，挤压严重

用于投放的短视频内容，本身就有生命周期，需要不断更新迭代。一旦内容模板陈旧，或者同类短视频素材大量同时用于投放，就会影响投放效果。

（二）优质短视频的共同点

很多直播账号可能整体播放数据很好，却不是一个合格的带货作品。为什么会出现这种现象？原因就在于，作者在创作过程中没有理解带货作品的主要目的，也不清楚优质带货作品要注重哪些方面。

与劣质短视频相反，那些投放效果好的短视频往往具备如下优点。

优点一：前三秒内出商品

开头前三秒，就要让用户知道你要"种草"什么，开门见山，而不是藏着掖着，不能让用户看了半天还云里雾里，不知道短视频在介绍什么商品。

优点二：全程突出核心卖点

短视频作品在拍摄和制作过程中，其卖点是内核，所有细节都要围绕着商品展开。这样当用户看到这个作品的时候，就不是仅被有趣、好奇等因素打动，而是被商品本身吸引。这样的作品如果爆了，直播间的流量难道会不精准吗？

优点三：商品品牌具备优势，给予强曝光

如果商品本身的品牌力足够强，一定要在短视频里给予强曝光。我们可以利用品牌背书，来提升用户对商品的信任度。

优点四：多镜头展示卖点，审美不疲劳

采用多组镜头展示商品的卖点，而不是一个镜头拍到底。要避免由于缺乏场景与节奏的变换引起的用户疲劳，或者广告过于直白。

优点五：生活化场景，商品带入性强

将商品拍摄背景设置为用户真实生活中的使用场景，这样的短视频作品会让用户更具有代入感，更容易引起用户的共鸣。这样的短视频作品，更有利于让用户接受商品。

第二节

爆量带货短视频的创作方法

在明确优质爆量带货短视频的标准后，我们一起探索，如何采用标准化的制作流程来批量生产优质的带货短视频内容。

第一步：梳理商品卖点

我们一定要明确，创作带货短视频的目的是达成商品的销售，而不是为了炫技。因此，创作的核心是对商品卖点进行视频化展示，让用户能通过短视频了解到商品的卖点，进而接受商品甚至喜欢商品，最终达成销售的目的。基于此，在开始创作带货短视频前，一定要进行的一个前置工作就是对商品卖点进行系统梳理。

在梳理卖点时，首先要明确其"人群画像"和"购买诉求"。

以一款男鞋为例，其人群画像是：

性别：男

年龄：30~45岁

地域：以二、三线城市为主

职业：都市蓝领、小镇中青年

使用场景：工作、商务合作、聚会、户外旅行

消费能力：非一线大牌用户，追求时髦和性价比

其购买诉求是：

购买目的：自购

核心痛点：解决脚宽、脚厚的男人买鞋问题

次要需求：有面子、追求帅气

在做完上述基本分析后，我们可以对照14个常见的卖点提炼表（见表6-1），进一步挖掘出该男鞋的卖点。

表 6-1　14 个常见的卖点提炼表

卖点提炼	定　义	案　例
外观	商品外观出色，跟同行形成差异化	主打创意——江小白 主打寓意——中国红 主打潮流——3C 数码 主打颜值——节日礼品
材质	从材质出发，与对手形成差异化	主打高端——冰丝棉 主打配方——五谷杂粮 主打创意——木头灯
工艺	以独特、复杂的工艺，与对手形成差异化	主打原理——古法酿造 主打配方——植物萃取合成 主打人物——非遗传承人 主打行为——手工缝制

卖点提炼	定　义	案　例
价格	具备性价比，从实惠角度对抗对手	主打数量——9.9 三件包邮 主打分量——× 元买 3 份的量 主打套餐——拍一赠一
场景	基于特定场景，挖掘商品的卖点	主打抗潮——放在衣柜里不担心起霉 主打场合——出勤、约会都能穿 主打冬季——冬季防冻必备
地域	地域卖点难以复制，是品质的高度保证	气候——地中海气候 地区——新疆长绒棉 地理——北纬 30° 地形——高原盆地 地貌——喀斯特地貌
人群	人群细分，不同需求，具备差异化特殊卖点	主打性别——专为女性定制 主打年龄——专为中老年定制 主打地域——专为南方人群定制 主打身份——专为职场人士定制 主打肤质——专为敏感肌定制
背书	专业权威的认可就是卖点	主打设计方——由 ×× 院提供配方研发 主打生产方——有 20 年源头工厂研发 主打代言方——由明星 ××× 倾力代言 主打宣传方——曾经接受 ×× 媒体采访 主打用户方——十年来获得 30 万用户喜爱
理念	越是借用用户已有的消费理念，就越能获得用户认同	主打设计理念——弧形枕头更能缓解颈椎压力 主打使用理念——会煮开水就会做的钵钵鸡 主打品牌理念——只为中国新中产定制 主打行业理念——业内引力技术的倡导者
情怀	持久的情怀卖点，引发用户共鸣	主打生产——坚持纯手工制作 主打材料——深层泉水熬制 主打潮流——用技术颠覆行业
方法	从使用的步骤角度，突出商品的人性化	主打简单——用开水就会煮的钵钵鸡 主打人物——长按报警，老人、小孩都会用
稀缺	过了这个村，就没有这个店	手工——一天只能生产 10 件 限购——每人只能下一单 时间——过了这个月就停产
功能痛点	商品功能的直接展现，或者用户痛点的解决	主打穿搭——梨形身材的瘦身穿搭 主打功效——简单涂抹就能防蚊

续表

卖点提炼	定　义	案　例
创造卖点	原卖点无优势，就赋予商品本身没有的卖点	功效——用了从此长发及腰 人群——为 30 岁男人谋福音

根据表6-1，结合男鞋的特点，我们可以挖掘出如下卖点：

挖掘人群：

- 专为35~45岁的男性设计；

- 专为脚宽、脚厚的男士设计。

挖掘工艺：

- 历经30余次改版；

- 一针一线地缝合，一遍一遍地上胶、烘干。

挖掘背书：

- 每天有很多顾客的好评反馈。

挖掘情怀：

- 更照顾到脚肥的人穿鞋挤脚、撑脚导致鞋变形的问题；

- 为男人做事，让他生活得更好，是有福报的。

挖掘理念：

- 鞋，是男人面子的象征。

以上就是笔者采用的标准化挖掘商品卖点的方法。这种方法的好处是，整个过程非常标准化，从一开始就紧扣用户分析和卖点拆解，保证了短视频拍摄在前置准备上有的放矢。哪怕是制作经验不多的新团队，只要按照上述方法对商品卖点进行梳理和拆解，就能保证对商品卖点有一个基本的把握。

第二步：脚本创作与演绎

在梳理完商品卖点后，我们还需要采用适应抖音平台用户浏览习惯的方式去演绎和呈现卖点。虽然带货短视频一定要围绕商品卖点去拍摄，但如果一个作品只有卖点展示，而没有生动的演绎与呈现，用户就会觉得枯燥乏味。

例如，有很多作品只突出了商品卖点，而不重视短视频的展现形式。最常见的就是直播间的口播作品，主播站在展示台前，拿着商品讲个不停，最后来一句，"欢迎来我直播间如何如何"。这种形式的作品大多索然无味，用户又凭什么会进入直播间甚至购买商品呢？为了避免这种情况，我们需要在确定卖点之后，根据卖点进行脚本的创作与演绎，通过脚本这个载体来圈定短视频呈现的方向和演绎形式，避免短视频的内容变成枯燥的卖点罗列，或者看起来精彩纷呈，实则与商品关联不大。

那么，什么样的展现形式才是一个优秀的带货短视频呢？一个优秀展现形式的作品往往具备三个特点：

一是与目标用户相匹配。这点决定了用户刷到短视频时的代入感。例如，拍摄家居类短视频时，要选择30~40岁的女性，并且要在真实的场景下拍摄，因为商品的目标受众就是30~40岁的家庭女性。

二是符合抖音短视频快节奏的特性。我们拍摄的短视频一定要符合抖音用户的观看特点，适应其快节奏的浏览习惯，尤其是在前三秒就能够吸引用户。而想要让用户留下来，最需要做的就是调动其情绪。"喜、怒、哀、乐、贪、痴、嗔"，是任何作品形式都绕不过的爆款元素，剩下的就是在情绪烘托中植入商品价值。

三是穿插近期热门的爆款元素。即吸取近期抖音爆热门的要素，如近期的热门音乐或流行词汇等。

以上文中的男鞋为例。我们可以结合其商品卖点与脚本演绎的要求，创作出如下脚本：

男人的鞋，不仅是出行的必备，还是面子的象征。这款鞋是我专门为脚宽、脚厚的男士设计的。在设计上更加考虑到脚肥的人穿鞋挤脚、撑脚导致鞋变形的问题。为了达成这个目标，我们对比了200多万组客户的数据，历经30余次改版，才最终有了现在你看到的样子。

这款鞋真正做到了穿鞋有型，显瘦增高。比起衣服，男人的鞋子更要讲究，皮料和鞋底选好了，制作上更不能有丝毫马虎，一针一线地缝合，一遍一遍地上胶、烘干。

让我们最开心的，莫过于每天有很多顾客告诉我们，这款鞋是多么舒服，多么适合自己，自己的双脚终于得到了解救。听到这些话，我们也非常开心，因为在我们看来，为正在打拼的男人做事，让他们生活得更好，是有福报的。

上面这个脚本的卖点来源与第一步的卖点梳理一脉相承。同时在脚本中明确圈定了目标用户，针对用户痛点进行了专门的讲解，并且在脚本中加入了情感共鸣和情绪价值，避免出现整个短视频只是单方面讲述商品而让用户觉得厌烦的情况。

第三步：爆款模板的模仿与借鉴

在梳理商品卖点和进行初步的脚本创作后，就来到了第三步：对已有的同类型爆款短视频的模仿与借鉴。只有站在巨人的肩膀上，我们才能更好地创作出属于自己风格的爆款作品。

（一）什么样的作品值得借鉴

第一，看品类。与我们同品类的爆款作品是最值得借鉴的。因为品类相同，创作思路会接近，改编的难度就会小很多。

第二，看时间。不建议参考发布时间超过一个月的作品，因为抖音算法有追爆款的规律，模仿近期爆热门的作品形式会更容易爆。相反，时间较远的作品，哪怕是曾经大热的作品，都有可能已经过了能够爆量的时期。

第三，看播放。优质的带货作品一定是播放量相对较多的作品，虽然具体播放量无法查看，但可以通过点赞数据推测播放级别。

第四，看评论。评论是极其重要的参考要素，我们需要时刻牢记自己创作的是带货短视频，所以不能单纯只看播放量。对两个同等播放量级的带货作品，我们如何评判哪个作品更优质呢？核心就是看评论。

评论能够反映出用户对作品内容的态度和认知。如果是一个优质的带货作品，评论区大部分的留言都是跟商品相关，如是否喜欢、对商品的感觉等。相反，有些作品虽然播放量很高，评论区却全是跟商品无关的评论，这样的作品借鉴价值就相对有限。

（二）如何找到值得借鉴的作品

在第三方工具如此发达的今天，寻找到对标作品非常简单。借助各类第三方工具，我们可以直接查看带货短视频榜单，搜索关键词，就可以筛选出合格的借鉴作品。

除了第三方工具，我们也可以在抖音里检索关键词，勾选一周内、一个月内点赞最多的作品，即可找到大量的参考作品。

（三）如何拆解待借鉴的作品

找到值得借鉴的爆款作品后，我们可以按照下列要点进行拆解。

- 场景：场景是在哪里拍的，为什么选择这个场景。

- 镜头：用什么设备拍的，运镜、转场是如何处理的。

- 音乐：搭配了什么音乐，这个音乐有什么特点。

- 卖点：卖点是什么，又是用什么形式展现的，视觉还是语言。

- 文案：作品的文案是什么，又如何把卖点融入文案里。

- 人物：出镜的是什么人，又有什么特征和优点。

- 配音：配音是出镜人物还是画外音、智能配音，又有什么特点。

拆解作品的目的只有一个，即知道我们所借鉴的作品为什么这样拍，有哪些因素能够让作品更受平台和用户的欢迎，进而去寻找值得我们借鉴优化的点位和方法。

当我们对参考作品不进行拆解、一无所知的时候，就只能去生搬硬套，东施效颦。而借鉴得当的作品，不仅呈现效果极佳，还能超越原创作品，因为翻拍比原创作品更火的例子在抖音里不胜枚举。

在拆解作品完后，我们就可以根据自己商品的特性、卖点，因品制宜地去对原创作品"取其精华、去其糟粕",最终打磨成一个合格的原创带货作品。

（四）如何批量制作爆款作品

在借鉴同类爆款作品,打磨和测试出自己的爆款作品之后,我们就要进行裂变,批量化制作出更多的爆款作品,最大化利用爆款作品的价值。而进行裂变创作的核心技巧就是保留爆点要素,改变其他要素。

具体做法依然是将作品进行各个维度的拆解,然后逐一替换测试:

- 场景:寻找类似的场景进行代替。

- 镜头:尽可能地进行模仿拍摄。

- 音乐:音乐一般无须改变。

- 卖点:融合自身卖点,加以优化和变换。

- 文案:沿用前三秒文案,结合卖点修改后面的文案。

- 人物:在出镜人物的选取上,尽可能接近或者模仿已有爆款短视频。

- 配音:如果不涉及侵权可直接引用,或者重新自主配音。

通过使用上述操作方式进行多次拆解和创作,我们就可以找到一套适合自己商品的爆款短视频框架模板,从而进行爆款内容的批量化拍摄与剪辑制作。

第七章

广告投放

自2021年4月上线以来，巨量千川作为巨量引擎旗下的电商一体化智能营销平台，已成为每一个抖音电商卖家绕不开的广告投放平台。事实上，当我们在日常交流中提及抖音电商的广告投放时，绝大多数情况下默认为是巨量千川的投放。因此，在这一章中，我们将介绍巨量千川的功能解析、投放实操与优化等内容。

第一节

巨量千川各功能的实操运用

对巨量千川各功能的运用，是投手创建投放计划的第一步。本节将针对巨量千川各功能的具体实操进行颗粒级解析。

一、巨量千川主要功能的实操运用

（一）投放设置

首先是最基础的投放设置，界面如图7-1所示。

1. 投放方式的选择

控成本投放是指在进行广告投放时优先考虑的是成本可控，然后在此基础上尽可能多地消耗广告预算。（在创建广告计划时投放方式选择控成本投放的计划，统称控成本计划。）与控成本投放相对应的就是放量投放。放量投放更关注优先完成广告的预算目标，选择这种投放方式的成本相对较高。（在创建广告计划时投放方式选择放量投放的计划，统称放量计划。）

投放设置

投放方式

控成本投放 优先控制成本达标，最大限度使用广告预算	放量投放 优先完成预算目标，投放过程成本会有浮动

☐ 严格控制成本上限 ❓

投放速度

尽快投放 ❓	均匀投放 ❓

每日投放效果	❯❯ 展开

图7-1 投放设置

广告投放一定离不开ROI（投入产出比，简称投产比）。从保证ROI相对可控的角度来说，不管是新户还是老户，大部分情况下的投放方式都应以控成本投放为主，因为只有控成本投放才能保证既有一定的广告金额消耗量（简称消耗），又能保证ROI相对稳定。

在这里先普及一个概念，笔者一般将一个新的广告账户从零开始投放的时期称为新户冷启动期。在新户冷启动期，控成本计划会占计划总量80%的份额，这足以说明控成本投放的优势。

与控成本投放相对应的是放量投放。与控成本投放的高占比相比，放量投放不是不能用，而是要看具体的使用场景。一般情况下，在如下三个场景可以用放量投放：

（1）前期在广告出价不确定时，可以通过放量投放先出一些基础的消耗，用放量跑出来的转化成本作为出价的初始参考。

（2）新户前期因为没有模型，控成本投放相对较难产生消耗，此时可以搭配几条放量计划，通过产生一些基础的消耗去帮助系统探索人群。

（3）如果控成本投放始终难以消耗，那么可以通过搭配放量计划陪同投放，有利于控成本计划尽快跑出来。

无论哪种场景，对于放量计划的使用，都需要遵循下面几个要点：

（1）放量计划因为投产比差，计划的条数和预算都不宜设置太多。在日常的投放中，笔者会给每组新素材搭配一条放量计划，如果有三组素材，就搭配三条放量计划。

（2）每条放量计划的预算不用很高。以食品、百货、美妆品类为例，一般情况下，客单价基本在200元以内，放量计划的预算都限制在1000元以内，避免出现过高消耗。

（3）因为放量计划容易跑出较高的消耗（简称跑量），所以在选择放量投放时可以搭配精准的徕卡或达人定向进行一定的限制（定向搭配的使用技巧在后文详叙）。达人定向因为本身规模就小，所以在人群数量上可以不做限制；而徕卡需要将覆盖人群控制在3000万人以内，如果目标人群容易跑量，也可以限制在1000万人以内。这里需要注意一点，有些人使用放量计划陪跑控成本计划时，会发现开播后不到半小时放量计划就消耗完了，而控成本计划还没怎么消耗。造成这种情况的原因就是，放量计划在人群上卡得不够精准，导致计划消耗得太快。

虽然笔者在前文中一直表述的都是对放量投放需要谨慎操作，但有一种情况是完全可以采用放量投放放开来跑的。这种情况一般都是对投产比

092

要求极低的商品，通过搭配承接力不错的直播间，照样可以把放量计划拉满来跑。在这种情况下，投产比可以低到什么程度呢？1.0，甚至0.8都很正常。这么低的投产比要求可能是商品本身的利润极高，或者出于一些特殊合作模式的考虑。

2. 投放速度的选择

新户冷启动期统一采取"尽快投放"。后期如果尽快投放带来的增效明显，那么复制或新建计划时，可以再选择"均匀投放"。

（二）优化目标的设置

巨量千川的优化目标多种多样（见图7-2），每个优化目标的功能基本上就是其字面意思。这七个优化目标涵盖了用户从点击进入直播间到最后完成订单支付的整个行为链路，从中可以选择当前想达到的目标进行广告投放。按照用户在直播间内行为链路的复杂与否，可以将这七个优化目标分为浅层转化和深层转化两类。具体而言，进入直播间（简称进入）、直播间商品点击（简称点击）、直播间粉丝提升（简称涨粉）、直播间评论（简称评论）这四个优化目标涉及的用户在直播间内的行为链路不是太长，所以称为浅层转化；而直播间下单（简称下单）、直播间成交（简称成交）、支付ROI这三个优化目标都与用户在直播间下单购买的行为直接相关，其对应的用户在直播间内的行为链路相对浅层转化来说复杂和深度很多，所以称为深层转化。

对于大多数直播间来说，卖货是第一要务。如果我们投放的目标是希望用户尽可能在直播间下单购买，那么应该选择深层转化的哪个优化目标呢？还是三个都选？

图7-2　优化目标的设置

我们需要知道，下单、成交、支付ROI这三个优化目标并不是同时出现的。在巨量千川推出的早期，并没有成交和支付ROI这两个优化目标，那时使用的都是下单这个优化目标。当成交这个优化目标出现后，下单和成交两者的转化率也没有明显拉开差距，所以在很长时间内，笔者基本上交叉使用下单和成交。

在支付ROI这一优化目标诞生之后，这三个目标的转化率才开始出现比较大的差距。首先，下单的转化率变低，有别于之前下单和成交两者的转化率差不多的情况。如果选择新户进行投放，就能明显看出下单和成交两者在转化率上的差距。所以，在选择新户进行投放的情况下，笔者已经很少选择下单，改成以成交为主。

成交目前是整个优化目标最核心的功能，不管是新户还是老户，创建投放计划时成交计划的占比都应在50%以上。这不是说下单不能用，而是要少用，等跑过新户冷启动期后就可以适当增加下单的比例了。

在当前，支付ROI还不具备普适性，主要原因在于，支付ROI的使用容易出现消耗量级受限甚至ROI不稳定的情况。但是，任何功能的推出都需要一个完善周期，这与成交经过推出和完善到目前成为绝对主流的过程是一样的。支付ROI在未来必将达到与当前成交一样的地位，甚至会占据优化目标的主导地位，以便商家将更多精力花在素材创作上。

综上所述，下单、成交和支付ROI这三个核心功能的使用：新户冷启动期，无须采用下单，主要以成交为主，待新户过冷启动期后，再适当搭配下单；支付ROI目前有不稳定的情况，但其作为未来的核心功能，我们必须对其予以足够的重视，在日常实操中根据自身账户情况进行灵活配比和使用。

除了下单、成交和支付ROI这三个与用户下单行为直接相关的优化目标，其他优化目标在投放中就没有价值了吗？当然不是。其中的点击目标就是在新户冷启动期经常使用的场景。

在新户冷启动期为什么很难跑量？因为这个时期的计划还没有建立模型，系统也不知道需要什么样的人群，此时如果还一味搭配像成交这类难度最大的优化目标，自然就很难产生消耗。针对这种情况，笔者较常采用的策略就是选择不同的投放素材，搭配几条直播间商品点击计划（简称点击计划），用点击计划这种转化难度相对较低的优化目标进行投放素材的测试。

具体操作方法是，每组待测试的素材都搭配一条点击计划，预算控制在500元之内，定向跟放量计划相同，采用精准徕卡或达人定向控制消耗进度。需要注意的是，虽然预算是500元，但没必要等到预算全部消耗完再去判断该计划是否优质。在笔者的日常实操中，如果一条点击计划消耗了100元而连一个转化都没有，那该条计划基本上会被关闭；如果点击计划在消耗的同时能产生转化，就要结合投产比来判断。以投产比2为例，点击计划的投产比即便在0.8以内，都是允许被继续消耗的，直到该计划最终跑过新户冷启动期。

另外，进入、评论和涨粉等转化目标，在基于白牌投放的场景中用得很少，相对来说，这些目标更适合达人、明星直播间。这些带有强力人设或IP属性的直播间经常会用到进入、点击计划，以便在开场时进行流量拉升，等到中场正价商品上线时再搭配深层转化目标进行成交转化。对于高客单价的商品，也会采取选择涨粉的策略，配合5A人群的种草进行长期转化。

（三）日预算与出价的设置

在选定优化目标之后，接下来就对该目标进行日预算和出价的设置（见图7-3）。

1. 日预算的设置

日预算是指该条计划当日的预算额度。在这里需要注意，日预算的多少对投放效果的直接影响是微乎其微的，所以没有必要通过设置很高的预算去"刻意推动"计划的消耗。相反，如果预算设置得过高，万一计划突然开始快速消耗，但ROI又不理想，就会出现ROI难看却又消耗很多预算的情况，这就是所谓的计划跑飞了。

笔者推荐的日预算设置方式是，根据不同计划的优化目标，去匹配不同的日预算额度。对于成交这类深层转化目标，按照预估转化成本乘以20进行设置即可，等到计划消耗到预算的50%时再逐步增加日预算；对于浅层转化目标，如点击计划，按照要求设置即可，例如，500元就是500元；

对于放量计划，同样设置小额预算，以避免跑飞。

日预算

| 请输入金额 | 元 |

出价 ⓘ

| 请输入价格 | 元/成交 |　根据相似店铺投放情况，建议出价 **206.72～775.21** 元/成交

🛡保 按展示付费(oCPM)，根据 成本保障规则 提供保障福利，请谨慎修改出价或定向，以免失去保障资格

图7-3　日预算与出价的设置

另外，在投放过程中，我们需要实时注意日预算和消耗的比例，不要等到日预算都消耗完毕再去增加日预算，否则对计划会产生负面影响。特别是新计划，很可能因为日预算用完导致计划停止，这样即使补充日预算再次开启计划也很可能出现没有消耗的情况，这就是所谓的预算逼停导致计划死掉。

2. 出价的设置

出价的设置主要集中在深层转化目标上。笔者喜欢的出价方式是根据投产比和客单价综合预估的。例如，客单价为99元的商品，假设投产比为2，那么说明这个商品对投产比要求不算高，笔者就会选择以客单价的40%为最低出价，然后再以此做阶梯出价测试。

阶梯出价测试在新户阶段非常重要，因为此时我们并不知道具体什么出价能起量，所以进行阶梯出价测试是最保险的策略。一般的阶梯幅度从40%到150%不等，这样设置的目的也是希望在测试中能排除掉因为出价过低导致的不跑量风险。需要注意的是，任何一个投放账户或一个商品都有其最高出价，一旦超过这个出价，投产比基本就很难保证。

（四）基础定向的设置

定向设置包含地域、性别、年龄这三个基本选项的设置，一般统称为基础定向（见图7-4），其作用主要是从基础属性上对人群进行圈选。

图7-4　基础定向的设置

地域的选择非常简单，只需考虑什么地区不勾选即可，例如，排除物流困难地区、排除疫情常发地区、排除非目标市场地区等。

性别的选择主要看商品是否有严格的性别限制。如果有，则严格遵循性别选择；如果没有，那么在计划上可以分为男、女、男+女，进行三个不同计划的测试。

年龄的选择同性别一样，也要看商品是否有严格的年龄限制。如果有，就严格按照年龄选择；如果没有，那么根据老、中、青三个年龄段进行测试。

（五）行为兴趣意向的设置

行为兴趣意向（见图7-5）也称徕卡定向，在日常定向设置中最常使用。其中，行为与兴趣之间呈并集关系，对应的品类与关键词之间也互为并集。

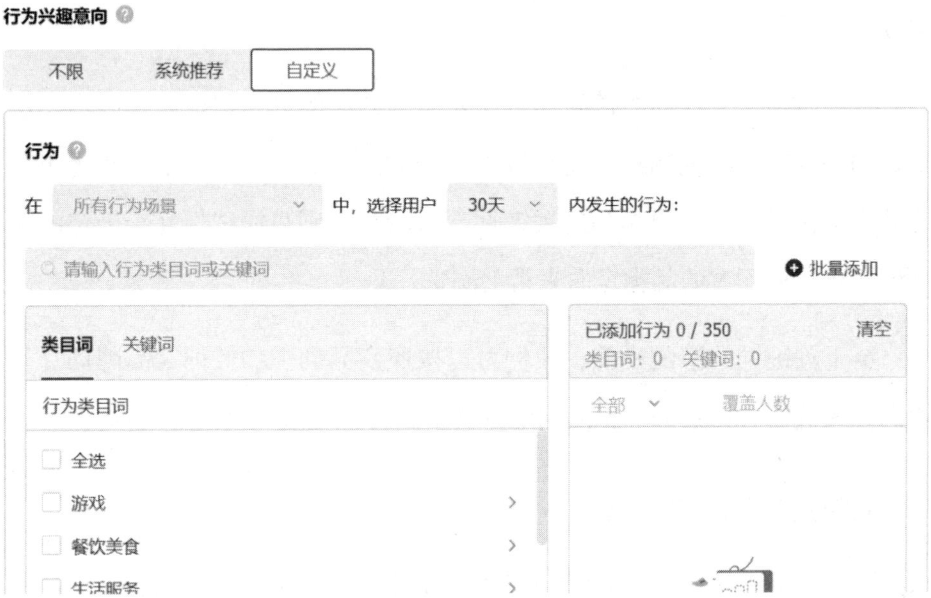

图7-5　行为兴趣意向的设置

在新号阶段，只要涉及采用徕卡定向，笔者就建议多以自定义为主。因为新户没有模型，此时选择系统推荐的精准性还不如自定义。当账户开始起量并具备一定的模型之后，就可以逐步增加系统推荐的占比。

在行为场景的选择上，最常用的场景是电商场景，而行为天数可以根据不同商品属性和商品客单价来选择。例如，大家电类商品，用户购买后短期内不会进行复购，用户行为可以选择超过90天以上。如果是大众、高频、刚需的商品，时间则可以缩短到30天。

在行为与兴趣的搭配上，笔者常用的搭配是行为为主、兴趣为辅，即通过对用户行为的圈选来保证投放人群的相对精准，兴趣的搭配则是一种补充手段。因为锁定用户的行为就可以尽可能接近细分的电商人群，但兴趣行为只是平台根据人群的兴趣标签进行的归类。这些兴趣标签下的人群并不一定会发生实际的电商行为，所以在针对兴趣的选择上，直接选择最细分垂直的范围即可。

至于品类与关键词的搭配，更需要考虑商品的具体情况。如果商品所涵盖的关联词丰富而精准，就可以选择释放大量关键词，并搭配较为精准的品类词做补充；如果商品的关键词相对较少，则只需选择几个确定的关键词，然后搭配大的品类定向来帮助圈选。

至于关键词的搭配延伸，我们可以按照商品词、功效词、品牌词、行业词、人群词、场景词、竞品词的排列，进行优先级从高到低选取。

（六）抖音达人的选择

通过对标抖音达人（见图7-6）的添加来进行人群圈选，其精度比徕卡更高，但达人的选择也有很多技巧。

从达人的选择模式上，一定要以与自己所售卖商品相关的达人账号为主。例如，售卖服装的账号，那么所选择的账号应该是服装领域的竞品账号。同时，我们要知道不选择哪些账号。例如，达人、明星带货的账号不选，这类账号的粉丝量大而不精准；强人设的账号不选，这类账号的粉丝因为黏性较高所以购买迁移难度大；短视频转直播的账号不选，这类账号的沉默粉丝比例高，不利于转化。

还有一种情况是，你所售卖的商品跟同行是同品，这时就要判断你的商品是否更有竞争力。如果没有，这样的账号就不要选；相反，如果你的商品更有竞争力，就可以投放对方账号来进行粉丝的转化。

图7-6 抖音达人的选择

还有些品类会面临相关联的达人数量不多的情况，在这种情况下，达人的圈选就可以从与商品直接相关的达人延伸到相关人群的达人。例如，男性群体喜欢的商品如紫砂等，就可以从商品本身延伸到烟酒，这样选择面就会更广。

在达人账号选定后，投放的最佳方式是分成三组，然后分别搭建不同的计划进行测试。有些人会把一组达人用到底，不进行测试和变化，实际上不同达人的选取质量带来的转化效果完全不同。

（七）智能放量的选择

选择智能放量（见图7-7）意味着系统会在圈选的对应定向上做出相

较于原有选择范围之外更广泛的探索。例如，原有的地域只选择了华东地区，但如果启用智能放量且圈选地域的定向，系统就会探索华东之外的地区。需要使用智能放量的情况一般出现在两个场景。

图7-7　智能放量的选择

第一个场景，前期计划冷启动期定向选择过窄，导致计划始终不出量。这时就可以选用智能定向，逐步从行为兴趣、地域、年龄、性别各个维度放开，规避定向过窄带来的风险。

第二个场景，计划在跑量过程中出现了衰退的情况，即消耗开始持续下降，无法再次提升消耗。这时就可以选择把人群定向放开，让系统重新探索人群。

（八）创意形式的选择

创意形式分为直播间画面和视频两种（见图7-8）。如果选择直播间画面，推送到用户面前的就是当前直播间的实时画面；如果选择视频，推送的就是我们选定的视频素材（以下统称素材）。

创意形式

| 直播间画面 | 视频 |

创意类型 💡

| 程序化创意 | 自定义创意 |

添加创意内容　　　　　　　　　　　　　　　　　　　0素材 ✕ 1标题 ＝ 0创意

| 创意素材 | 0/9 | ▶ 添加视频 | ⚡ 直播剪辑工具 |

| 创意标题 | 1/10 |

图7-8　创意形式的选择

　　从目前白牌大盘的比例来看，大部分账号采取的都是视频投放形式。这是因为视频投放，其成型、固定的优质素材能够对目标用户具有足够的吸引力，从而将用户引入直播间；而直播间画面投放（简称直投），其中的画面是实时改变的，如商品展示效果、主播优质话术的密集程度、用户刷到直播间时的氛围等，影响用户是否点击进入直播间的不可控因素太多。

　　另外，视频集商品介绍、卖点，甚至使用方法、场景于一体，更能让用户在观看视频时被商品种草。对好的作品，用户进入直播间后无须犹豫，可直接下单购买。这些优势是直投无法代替的。所以从整体上，视频的点击转化率会大于直投。

直投也不是完全没有优势。例如，直投的审核非常简单，而且在计划的创建上更便利。目前，直投常用于以下几种场景：

（1）对某些特定品的投产比要求极低，采用直投就可以达到投产比的要求。

（2）直播间拥有超强的主播承载力。例如，达人、明星在直播时较多使用的是直投，而且只有直投才能保证账号在开播时迅速配合节奏拉升流量。

（3）部分比较难过审的品类也会选择直投。例如，一些可能会涉及商品功效讲解的滋补品等。

（4）直播间具备超强转化力的爆款。因为商品自带爆点，所以即便是直投，也能获得不错的转化数据。

笔者建议直投需要搭配较为狭窄的定向投放，因为直投相对放量速度很快，而且无法在视频端完成强种草，那么就需要在定向端做得保守一些，避免出现跑飞的情况。

和直投相比，视频的投放就难得多，且需要大量测试。笔者的投放主要以程序化创意为主，其中搭配的视频数量一般为3~5条，配上5条不同的标题做交叉搭配。之所以选择这种数量和搭配方式，是因为视频太少就发挥不了程序化创意的裂变作用，而视频太多单个计划的创意又太冗长。上述的搭配方式是笔者在大量实操中测试出来的最佳配比。

在新户冷启动期，一个合格的视频素材制作团队每天供给到直播间的素材数量以9条为最低要求。如果3条为一组测试，那么就可以组成3组，3.

组所能够裂变的计划数量就可以达到30条以上。

和程序化创意相对应的自定义创意如何使用？笔者建议，等到出现爆量素材之后，把消耗且投产比最好的视频跟标题组单独拉取出来，创建单独的计划，搭配单独的广告组，这样就可以方便我们针对性地盯盘与管理。

（九）创意类型的选择

创意类型的选择与徕卡定向同理，即选取最相关的品类。对于创意的选择，可以按照商品词、功效词、品牌词、行业词、人群词、场景词、竞品词进行优先选取。

除此以外，创意类型还有第二种使用方式。如果出现了爆量计划，那么在进行计划的复制时，可以保持该计划的其他要素不变，仅将创意类型在同一人群但不同品类的创意中进行切换，这样也可达到多样化探索的目的。

以上就是在创建一条专业版巨量千川投放计划的过程中，各个功能模块的作用以及在实际运用中的使用要点。只有掌握以上的技能，在进行功能搭配时，才能避免陷入盲区。

二、巨量千川新增长工具解析

在上文中，笔者详细解析了巨量千川的基础功能模块。随着巨量千川投放系统的不断升级，出现了一系列新的投放工具和功能。要想做好巨量千川投放，必须善于运用这些新工具和新功能，从而达到降本增效的目标。

下面就让我们逐一解析投手必备的巨量千川新增长工具。

（一）巨量千川DMP人群包使用策略

1. 巨量千川DMP人群包的四大作用

（1）反复触达。对于一些品牌类的高客单价商品，我们可以通过巨量千川DMP人群包去反复触达目标人群。

（2）加强转化。对于一些品牌来说，它们的目标人群是比较精准的，我们可以选择积累一定转化数据后，再使用巨量千川DMP人群包去增强转化。

（3）复购。对于一些高频刚需的大众化商品，有的用户可能一两周就需要购买一次。这时我们就可以通过巨量千川DMP人群包，拉取半个月或一个月前购买过的用户，用千川投放再触达一遍，达到增加复购的作用。

（4）排除。对于那些没有办法通过定向排除的，我们可以使用巨量千川DMP人群包去排除，如高退货率人群等。

2. 巨量千川DMP人群包的人群划分

从人群类型的划分上，巨量千川DMP人群包可以分为常用人群和场景推荐人群。

在常用人群中，第一类人群是八大消费者（见图7-9），也就是我们常说的小镇青年、新锐白领、资深中产等八大人群。这类人群的特点是按照社会属性归纳的集合，人群面广且处于动态变化中，不够精准。

图7-9　八大消费者人群

第二类人群是品类人群（见图7-10），即各品类下不同消费行为的人群集合，属于潜在核心人群。这类人群按照消费能力和消费频次等差异，又可以进一步细分为潜在人群、核心人群、行业订单频次活跃人群等各种细分人群。

图7-10　品类人群

第三类是基础人群（见图7-11），包括年龄、性别、地域等最基础的人群画像，可作为最基础的人群使用。

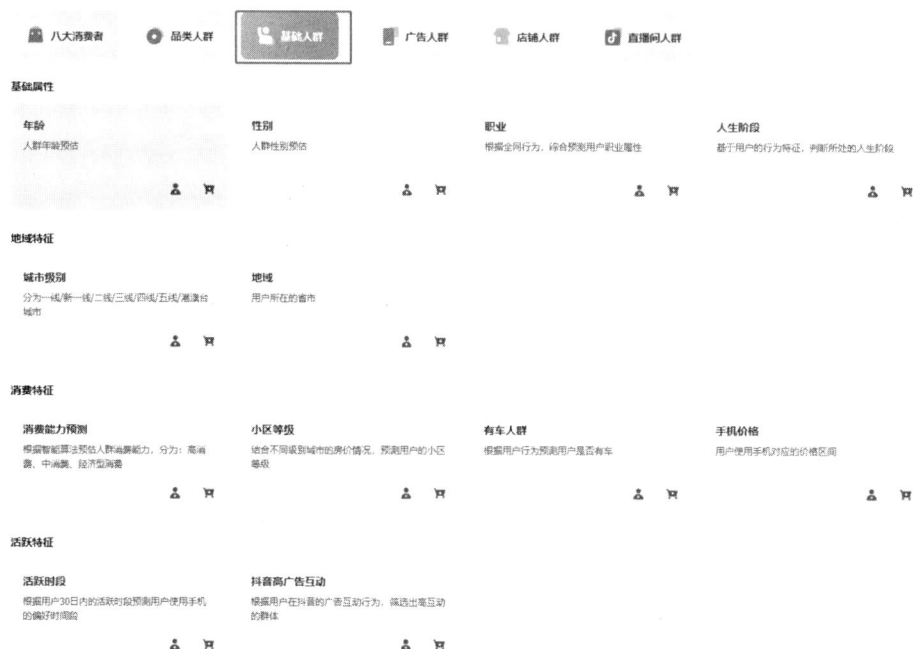

图7-11　基础人群

第四类是广告人群（见图7-12），即当前广告账户已经触达过的人群。无论是点击还是订单创建再到支付，这类人群已经和我们的直播间产生了互动行为。这类人群的作用是可以帮助我们提升广告投放效率。例如，一些高频刚需的商品可以选择往期爆量的广告计划，重复触达广告人群做复购。

第五类是店铺人群（见图7-13），人群主体包括在某一店铺下，一段时间内有过商品收藏、加购物车、购买、复购以及订单取消/退货等动作的人群。当进行低消费频次商品的投放时，我们就可以选取在本店已有过购买行为的用户，做定向排除。

常用人群 场景推荐人群[NEW]

八大消费者　品类人群　基础人群　**广告人群**　店铺人群　直播间人群

1 选择圈选对象

广告账户　广告计划

2 选择账户 已选当前账户

高 高依服饰

3 选择近 7天 ∨ 账户下

展示　　点击　　转化　　过的人群

暂不支持预估覆盖人数

4 将人群 加到我的人群 加到圈选池

图7-12 广告人群

常用人群 场景推荐人群[NEW]

八大消费者　品类人群　基础人群　广告人群　**店铺人群**　直播间人群

1 选择店铺 已选当前账户绑定的店铺

奢品汇高端女装店

2 选择近 7天 ∨ 在店铺中有以下动作的人群

☑ 商品收藏　☑ 商品加购物车　☑ 商品购买 ❓　☑ 商品复购 ❓　☑ 订单取消/退货

暂不支持预估覆盖人数

3 将人群 加到我的人群 加到圈选池

图7-13 店铺人群

第六类是直播间人群（见图7-14），包含进入直播间、直播间商品点击、直播间下单、直播间支付等动作的人群。这类人群的使用，可以根据当前经营需求，做正向拉取或反向排除。例如，高客单价商品的投放，可以针对往期点击但并未转化的人群重新再做触达，进而提升转化率。

常用人群　场景推荐人群 ^{NEW}

🛍️ 八大消费者　　⭕ 品类人群　　👥 基础人群　　📄 广告人群　　🏠 店铺人群　　🎵 直播间人群

1　选择直播间

抖音号：🔵 资源县高... ∨　开播时间：2022-07-12　～　2022-07-18 📅　　按累计成交金额排序 ∨

直播间

☐　已结束　来吧
　　直播时间：7月14日 10:25 ～ 7月14日 13:00
　　累计成交金额 24,433元

☐　已结束　来吧
　　直播时间：7月13日 19:00 ～ 7月13日 23:02
　　累计成交金额 19,547元

☐　已结束　来吧
　　直播时间：7月13日 14:18 ～ 7月13日 17:12

未选择直播间

2　选择直播中触达的人群

进入直播间　　　直播间商品点击　　　直播间下单　　　直播间支付

暂不支持预估覆盖人数

3　将人群　👤 加到我的人群　🛒 加到圈选池

图7-14　直播间人群

　　除了上述常用人群，还有场景推荐人群（见图7-15）。所谓场景推荐人群，一种是指38女王节、818购物节等行业大促节点的特殊场景人群，另一种是指广告点击、直播观看、商品购买等以及投放账户、抖音号、店铺下的基础人群。

　　这类人群包的使用，首先，可以在818购物节、双11等大促节点时，选取相应的专用人群包，相当于是在大促活动时对这些与活动匹配的人群进行定向投放。其次，可以在做专场大促时，针对未触达粉丝、高购买粉丝、复购商品粉丝等不同类型的粉丝，有针对性地进行投放，进而提升投放效果。

图7-15　场景推荐人群

（二）支付ROI使用策略解析

了解完巨量千川DMP人群包，我们再一起解析优化目标中的支付ROI（见图7-16）的使用策略。

首先，支付ROI的作用主要体现在如下三个方面：

（1）提升现有ROI系数，比起成交的投放目标更深入一些。

（2）相比其他目标更稳定，可操作性更强。

（3）投放过程偏自动化，操作比较简便。

然后，我们该如何去使用支付ROI呢？我们可以从搭建计划、定向设置、计划预算、ROI系列、计划出价、拉ROI六大方面，去逐一进行操作和设置。

（1）搭建支付ROI计划，计划数量前期可按照总计划数的30%进行规划。

（2）参考目前已有的跑量计划进行定向设置，如有，可引入巨量千川 DMP人群包。

投放时间

ⓘ 所选时间范围内，仅直播时进行投放

| 从今天起长期投放 | 设置开始和结束日期 | 固定时长 |

投放时段

| 不限 | 指定时间段 |

日预算

| 6666 | 元 |

支付ROI目标 ❔

| 请输入支付ROI目标 | 建议参考历史投放支付ROI，过高可能影响获取流量 |

🛡保 按展示付费(oCPM)，根据 保障规则 提供保障福利，请谨慎修改支付ROI目标和定向，以免失去保障资格。

图7-16　支付ROI

（3）前期通过多计划、小额预算的方式进行出价。当出现跑量计划之后，再加大预算的投入。

（4）在ROI的设置上，以过去七天整个投放账户的ROI均值为基准，上浮1.1~1.3倍进行阶梯式的设置，通过阶梯ROI系数来测试不同的系数与计划跑量能力之间的平衡。

（5）出价上参考日常主力的跑量计划即可。

（6）逐步增加支付ROI计划的比例。

按照上述操作，我们就可以基本掌握支付ROI的使用方法。但在具体操作过程中，我们还需要注意如下事项：

（1）当支付ROI计划放量出现问题时，可以降低ROI系数，方便系统跑量。

（2）在人群定向相同的情况下，投放支付ROI计划需要协调好与成单计划的占比，防止两种计划之间出现计划挤压。

（3）关注ROI系数与放量之间的结合点。在投放过程中，进行ROI阶梯式调整测试的过程，就是追求ROI系数跟放量平衡的过程。

（4）跑出ROI计划后，接下来就需要提升ROI计划数量，并逐步放宽人群定向，用多计划多覆盖面完成账号放量。

（三）搜索推广从零到一的使用策略

搜索计划的作用主要体现在三个方面，分别是人找货、词找人、拉投产。

搜索行为的逻辑与系统的兴趣推荐行为不同，不是货找人，而是人找货。

当我们进行搜索推广时（见图7-17），不是通过搭建计划去找匹配的用户，而是通过各类搜索词去找合适的用户，是一个"词找人"的过程。

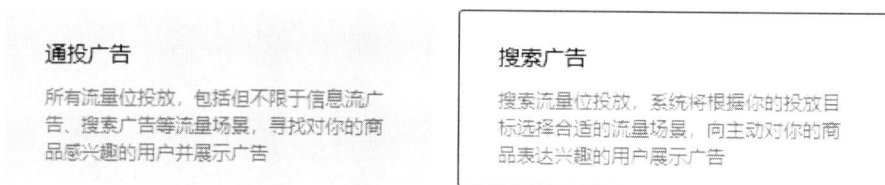

图7-17 搜索推广

同时，目前的搜索推广并不是所有商品都适合，且存在触达效果不稳定、部分账户难以拓量的问题。相对白牌而言，搜索推广更适合品牌进行投放，拉高整体投产。

在进行搜索推广时，首先我们一定要注意词的类别选择，并基于关键词去做拓展。搜索的词可以分为如下几类：

（1）商品词：描述商品的词，如神仙水。

（2）功效词：描述商品功能的词，如抗皱抗衰。

（3）品牌词：描述商品品牌的词，如欧莱雅。

（4）行业词：商品所属行业，如护肤美妆。

（5）人群词：描述人群特点或需求，如成分党敏感肌。

（6）场景词：描述商品使用场景，如熬夜党、沙滩鞋、旅游包。

（7）竞品词：竞品相关词汇。

在拓词时，我们要注意两点：一是优先搜索量大但精准的词，这样的词的拓展效果最佳；二是匹配方式以广泛为主，广泛词加上短语做组合，尽量将词汇量做多，保证更广的覆盖面。

在搜索计划的具体搭建上，我们可以进行如下设置：

（1）智能流量：选择开启。

（2）投放方式：选择控成本投放。

（3）投放速度：选择尽快投放。

（4）优化目标：以直播间成交计划为主，占计划数量的60%，搭配直播间下单、支付ROI计划各20%。

（5）日预算：日预算可放宽至转化成本×50。

（6）出价：采用巨量千川成交出价上浮10%~30%的阶梯出价。

（7）基础定向设置：同巨量千川专业版的定向设置。

（8）创意形式：强承接能力或有爆款的直播间，可直投直播间测试投放效果；新手直播间建议采用视频素材；同步开启动态创意，让系统探索更优素材。

（9）视频素材：根据关键词需求，制作相关视频素材，视频内容应与关键词产生关联。一旦视频内容与搜索词之间缺乏衔接，转化率就会很差。

以上就是搜索计划的具体设置，在具体操作时，还应注意如下方面：

（1）搜索计划是人找货，无须做过多定向设置，用搜索词锚定即可，基于搜索量，预算不要太少。

（2）搜索广告当前仍处于小量阶段，并且不稳定，可通过多创建计划的方式，如每日30~50条，去探索高ROI高消耗词组。

（3）搜索广告投放的最大误区是忽略素材与关键词的相关性，如商品词、功效词为主的计划，搭配对应商品种草、痛点解决的素材效果更佳。

（4）推荐如下搜索词工具进行辅助：巨量算数、关键词推荐工具、搜索流量分析、百度指数。

（四）成本稳投智能化投放解析

成本稳投（见图7-18）的优点是基于系统智能探索，在计划搭建和投放过程中减少人工操作，将计划交给系统，这样就可以把我们的时间和精力解放出来，投入到素材的优化或直播间优化上。

图7-18　成本稳投

一般来说，成本稳投有三个阶段。在新户冷启动期，投放策略是采用少预算、高出价的方式进行快速冷启动；在成长期，我们需要减少测试成本，逐步增加预算和降低出价，提升ROI；在ROI和GMV"双收"的成熟期，则需要控制计划数量，采用高预算和低出价的投放设置。

具体来说，在进行成本稳投时，笔者建议每条计划设置3~5条创意，创意不宜过多，否则会拉长托管项目的探索时间。创意内容可选择同时视频投放和直播间画面投放，根据系统反馈智能选择投放方式。广告出价要比一般的主力跑量计划高出10%~20%，以便更好地拿量。广告预算可以设置为转化成本的20倍，广告定向可参考巨量千川专业版的投放计划。

整体而言，成本稳投比较适合千川投放的新手团队。同时，在进行千川专业版投放时，也比较适合搭配成本稳投进行组合投放。

三、巨量千川人群定向的实战解析

作为巨量千川投放里圈选人群的主要手段，人群定向的重要性毋庸置疑。笔者也曾跟很多人讨论过定向，发现有两种误区是最常见的。

第一种误区是遵循"爆量随机论"。背景是投放之初做了很多定向，结果精确定向没爆，不相关定向爆了，因此得出结论，无须重视定向，反正爆不爆就纯粹看运气。

这种现象确实存在，但我们不能以这种概率性事件去否定定向合理搭配的价值。原因很简单，笔者在前文已反复强调过多次，即刚开始投放的新户一定是缺乏交易模型的，此时系统无法预估什么样的人群适合直播间，所以需要我们对定向进行主动选择，帮助系统去捕捉和识别素材所针对的人群。

第二种误区是时时刻刻都想着"拉满通投"。拉满通投看似金科玉律，但实际上并不适合所有团队，大部分能够拉满通投的行业，其商品本身具有高毛利，或者在人群属性上适合通投。如果盲目按照通投的方式去操作，带来的就是投产的不稳定、初始人群的不精准以及极高的预算消耗。

既然定向如此重要，那什么样的定向搭配方式是相对合理的呢？

在笔者的实操体系中，所有的定向搭配组合都可以被拆分为四大定向系统，即基础定向、徕卡（行为兴趣）定向、达人定向和DMP定向。我们可以通过不同定向的组合来更好地圈选人群，进而提高投产比。

（一）四种定向分类

1. 最初级的定向

最初级的定向是指在定向中，只选择一个定向。例如，只选择基础定向，而不选择徕卡、达人等定向。整体上来说，最初级的定向用得最多的还是基础或徕卡。这样做的优势在于，人群覆盖面广，放量速度快，出价较低即可获取流量，创建计划也简单方便。相当于我们通过一个定向系统，就可以让系统广泛地去探索人群。但是这个定向系统会存在一个问题，就是相比较其他定向而言，人群精准度不够，在投产比上相对会差一点。

2. 两两定向交叉

这种定向方式是指在定向中将两个定向做组合。在此先要普及两个概念——并集和交集，即在定向组合搭配时，同一定向为并集，不同定向为交集。例如，一个计划既选择基础，又选择徕卡，在两者交叉形成交集的情况下，圈选的人群量就会变小、变精准。

最初级的定向按照基础、行为兴趣、达人和DMP四大定向系统单独罗列只能算四种独立的定向，而将上述定向两两交叉就能组合出六种。例如，基础+行为兴趣、基础+达人、基础+DMP、行为兴趣+达人、行为兴趣+DMP、达人+DMP等。

两两定向交叉有一个好处，就是通过交叉人群可以让系统探索的人群更为精准。在日常投放中，常用到的两两定向一般都有基础+行为兴趣、基础+达人、行为兴趣+达人这几种组合方式。

3. 三维定向交叉

三维定向交叉是指在定向中将三个定向做组合。一旦将三个定向做交集，人群覆盖面就会更小。例如，基础+徕卡+达人，选定的人群量很可能就在1000万以内了。

三维定向交叉适用于以下的情况：商品人群覆盖面很大，即便做窄定向，也不担心探索过度困难；在投放预算有限的情况，将已爆量计划的定向由宽做窄，在一定程度上拉高投产比。

4. 四维定向交叉

四维定向交叉是指将四个定向做交叉组合，人群面变得更窄。这种定向在笔者日常的投放中用得非常少，因为人群量实在太小了，很难有消耗。

在以上四类定向搭配中，我们应该如何使用？下面以我们做食品、百货、美妆工具为例进行介绍。

（二）定向的宽窄界定

在日常实操中，如果是新户，笔者主要以系统默认的初始定向跟两两定向交叉、三维定向交叉居多，其中前两者定向会占据约70%的比例。为什么这么操作？因为对于一个新户来说，其本身没有任何数据支撑，此时就需要通过放宽定向，让系统快速探索到相对应的人群。

这里要避免一个误区。虽然新户前期要放宽定向，但并不等于上来全部都是通投。定向如果不做搭配设置，所有跑出来的计划都是通投的话，那么随着投放时间越长，后期再想把人群变得精准就会越困难。而且过度通投的计划投产比也不理想。例如，以投产比2为例，前期放开了投放比到1.5，两者相差0.5。不要小看这看似不大的0.5，一旦账户的模型表现不佳，后期想要拉正到1就非常难。

至此就会引出两个核心问题：第一，宽跟窄的规模如何去界定？第二，到底定向应该由宽到窄，还是由窄到宽？

首先，解决第一个问题：宽跟窄的规模如何去界定？从单维定向到四维定向的递进搭配，我们就能大致做到定向由宽到窄。例如，原始定向选取基础，人群量基本都是在8000万以上；选取两两定向交叉，在原有的8000万基础上交叉进徕卡定向，人群量基本就会在5000万以内。如果引入三维或四维定向，人群面自然更窄。

除此之外，笔者认为每个投放账户都应该建立自己的人群规模级别模型。以目前投放的品类为例，我们就创建了自己的级别模型，从一级范围到五级范围分别如图7-19所示。

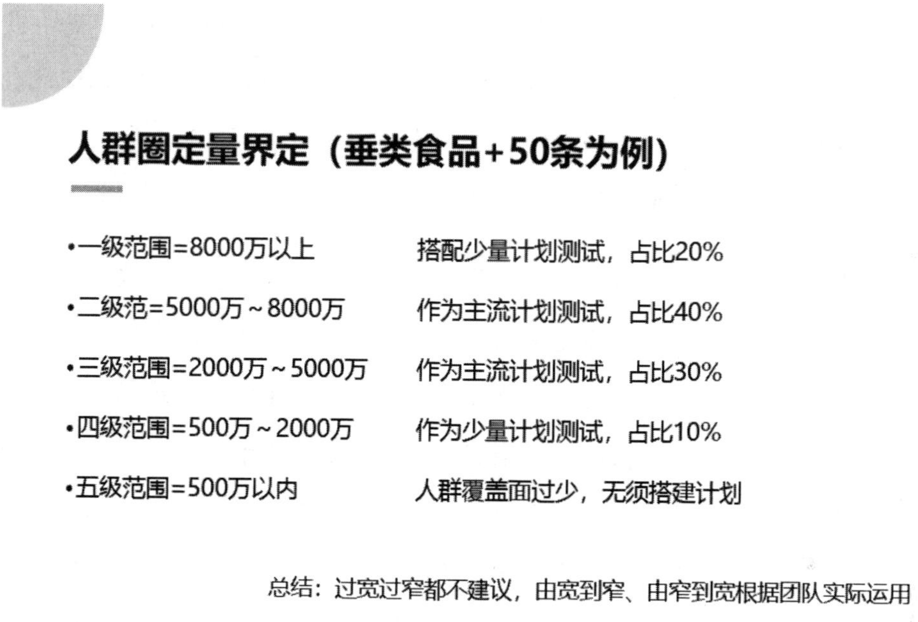

人群圈定量界定（垂类食品+50条为例）

- 一级范围=8000万以上　　　搭配少量计划测试，占比20%
- 二级范=5000万～8000万　　作为主流计划测试，占比40%
- 三级范围=2000万～5000万　作为主流计划测试，占比30%
- 四级范围=500万～2000万　　作为少量计划测试，占比10%
- 五级范围=500万以内　　　　人群覆盖面过少，无须搭建计划

总结：过宽过窄都不建议，由宽到窄、由窄到宽根据团队实际运用

图7-19　人群规模级别模型

在有了图7-19所示的范围界定后，我们就可以定向搭配，来得到不同数值的人群规模。这么做的好处是，一方面，通过多样性的定向搭配，解决了定向搭配的AB测试问题；另一方面，根据搭配不同人群规模的比例，可以保证账户里不同计划圈选到不同的人群规模。当无法判断什么定向、什么人群规模适合一个新户时，这样的处理方式是最为灵活的。

其次，解决第二个问题：到底定向应该由宽到窄，还是由窄到宽？

答案是两者都可以，但是不同的方法使用的策略不一样。笔者更喜欢由宽到窄的方式，下面就将笔者的操作方式做个拆解。

1. 由宽到窄

对于一个新户来说，笔者的习惯是首先选择两两定向交叉，保证定向覆盖人群在3000万人以上，这种方式在整个计划中可以达到50%。剩下的则是覆盖人群在8000万人以上的单维度定向，占比约30%，这样能保证有适当比例的较宽定向，方便系统探索人群。其次是搭配20%的三维定向交叉，人群规模就是1000万人以内。

在完成上述对定向的搭配后，就进入了第二阶段，即在投放的过程中观察不同定向所带来的整体跑量情况。一般情况下，如果定向很泛，但是投产比不错，那么笔者就会针对该计划进行复制并压缩定向规模，通过更精准的人群获得更高的投产比。当然，这个结果并非绝对的，因为投放中会出现定向过窄不如宽松计划效果好的情况，所以这是一个不断测试的过程。这种操作方式更适合预算有限的团队，用更高投产比获取单位投放成本下的更高收益。如果预算充足，则不管定向多么宽泛，只要投产比为正，就可以不断增加预算，直到计划衰退。

对于那种本身定向精准而且投产比不错的计划，我们就可以通过不断抬高出价的方式去拿到更多的消耗。

2. 由窄到宽

由窄到宽的前期需要多做复杂的定向，再配合低预算+高出价来获取流量。通过这样的方式跑出来的计划有一个特点：消耗量级的增加是缓慢的，但是投产比相对高且稳定。

当出现投产比为正的计划时就保持度过冷启动期，而出现投产比不理想的计划时则及时用卡预算的方式进行逼停，这样做的目的是让账户在初始阶段通过窄定向+多计划+高出价的投放策略拉取消耗，又通过优质投产比的计划来养户。

等户养到一定阶段时，就可以去做两件事。第一是将原有的窄定向通过智能放量放开，这样定向会比较稳定，但是跑量量级会上来；第二是根据已跑量素材，加宽定向投放，投产比也不会很差。

整体上，定向由宽到窄的方式，主要在于前期通过放量消耗跑数据，再通过筛选计划缩窄定向或放大，缺点是投产比会比由窄到宽有更多的不确定性；定向由窄到宽，则是通过前期精准的定向来保证模型的精准，后期再逐步放宽定向去增加消耗，缺点是容易出现计划不消耗的情况，造成对素材的误判，而且计划起量的周期会更长。

（三）定向使用的相关总结

（1）圈选人群的最佳工具不是定向，而是素材。定向更多的是辅助系统帮助我们探索人群，但最终决定用户是否愿意进入直播间的是素材。

（2）一定情况下，定向的宽窄与出价呈反比；一定情况下，定向的宽窄与投产比呈反比；一定情况下，定向的宽窄与周期呈反比。

（3）对于定向的依赖，新户冷启动期尤为明显，因为系统无法精准探索人群，定向设置的作用就非常大。等到已经跑出了相对精准的基础人群后，再把定向交给系统去做智能推荐会更有帮助。智能有时要比人工的效率低，这不是智能不好，而是数据训练不到位。从复杂的定向设置到智能投放的过程，实际上是后台数据在不断建模的过程。

（4）定向搭配视频与直投，后者对定向的依赖远远大于前者，因为直投无法像视频那样，通过一个几秒甚至几十秒的视频，把商品介绍、卖点、痛点全部讲解到位，进而精准完成种草到转化的过程。直投的实时展现注定了投放质量的不稳定，这时就需要更为精细化的定向来帮助系统找到合适的人群。

（5）作为一名专业投手，不要被外界的总结所迷惑。因为每个团队的商品、毛利、承接能力都不一样，别人的利润能够支撑通投而你不能，别人家的主播能够承接泛粉转化而你不能，别人家的商品是爆款而你不一定是。

第二节

巨量千川投放计划的搭建与管理

了解完巨量千川的主要功能和实际运用后，让我们一起进入实操环节，从零到一搭建并管理巨量千川的投放计划，同时一起探索如何用巨量千川的付费流量激发免费流量。

一、如何搭建专业的冷启动计划群组

当我们拿到一个新的千川账户时，如何搭建多样化的计划组合，并通过AB测试快速测出能跑量的计划呢？这就需要我们从素材规划、计划矩阵、转化目标、预算与出价、定向辅助、版本测试六个方面，进行系统的规划与测试。

（一）素材规划

视频素材对于千川广告投放的重要性如今已经众所皆知，所以在拿到一个新户准备进行投放时，我们首先需要做的事情是对素材进行一个规划。

首先是数量上的规划。对于成熟团队而言，素材自然是多多益善，一般来说，每天新增至少9条。即使新团队或者才开始涉足千川广告投放的团队，也要尽量保证每天都有新素材的补充。

其次是一定要在素材上做多元化的尝试。这样既能保证素材的数量和多样化，还能在不同类型的素材间做AB测试，找出当前最能跑量的形态。例如，刚开始时我们可以选定3种不同的脚本，然后每种脚本去拍3条不一样表现形式的视频，如口播、音乐展款、情景剧等。这样三种脚本配上3种不一样的表现形式，就产生了至少9条素材，这也是笔者在前文里说成熟团队一天要至少保证9条新素材的原因。

（二）计划矩阵

搞定了素材，第二步就是搭建计划矩阵。在笔者创建的体系里，任何新户的计划搭建数量一般都是50条起。因为如果计划数量太少，就没办法去匹配各种定向和素材。当然，在开始的时候计划数量也不用动辄几百条，在素材数量跟不上的情况下，太多计划就会彼此干扰和抢量，所以综合来说50条左右是比较合适的数量。

（三）转化目标

在这50条计划里，笔者建议配比80%左右的控成本计划。这样不但能用主流的控成本转化目标对消耗和投产比有基本保证，也能避免计划跑飞的风险。除此之外，我们还可以搭配少量的点击和放量计划，如3条点击计划加3条放量计划。点击计划的目的是测素材，放量计划的目的是配合控成本投放，同时在前期做一些消耗。

（四）预算与出价

预算可以设置为预估转化成本的20倍，例如，预估转化成本为50元，预算就设置为1000元。一开始不需要把成交金额拉得非常大，如9999元之类的。这种"拉满"的方式，放在新账户新计划里很容易跑飞。

出价则是每个行业都不一样，因为每个行业商品的利润率不同。但大多数情况下，我们按成交客单价的40%来设置。

如此设置之后，再配上点击计划300元预算、放量计划500元预算，保证计划的多样化并且严格控制预算。

（五）定向辅助

在计划的定向选择上，一般可采用最初级的定向、两两定向交叉、三维定向交叉加上成交计划，去做新账户的测试。

同时，还可以用达人定向和徕卡加上点击或放量计划，一方面通过定向控制成本去跑量，另一方面避免定向过宽导致进入直播间的人群不够精准。

（六）版本测试

笔者建议将70%的预算分配到千川专业版，30%的预算分配到千川极速版。

千川极速版的跑量速度会更快。可以为专业版的投放做一些铺垫，同时同步做一下AB测试。

按照上述框架，我们就可以从零到一快速为新的千川账户搭建一个专业的投放计划群组，并顺利度过新户冷启动期。

二、计划生命周期的投放管理

当所有投放计划设置完毕并开始投放时，一定会出现投放效果上的差异。

这些投放计划，都会经历消耗从无到有、投产比从高到低等不同的生命周期。这时，我们就需要针对不同生命周期的计划，进行不同的管理，以达到最佳的投放效果。

（一）上新期计划管理

上新期计划的标志是无消耗或低消耗。当我们用新户创建了50条计划并开始投放时，很可能会遇到无消耗或低消耗（如不超过50元）的情况。

那么，在上新期我们该如何操作呢？

首先，在第一天投放的时候，我们不要去做任何操作，把计划搭建完就可以了。因为这是一个新投放账户，计划也有一个冷启动的过程，所以需要给投放系统一定的时间去进行探索。

到第二天，我们再来审视计划的跑量情况。如果一小时内计划还不起量，就按照阶梯出价的法则，快步出价到商品售价的80%。

对于成交计划来说，如果计划的定向较窄，就需要搭配智能放量去放宽定向。如果依然不起量，基本上就可以判断是素材问题，需要更新素材。如果计划过了四天仍然没有什么消耗，也没有什么转化，就可以把它关掉了。

对于点击计划和放量计划，也需要分别加以考核。对点击计划，需要设置合理的预算去卡停消耗，同时观察素材表现情况；对放量计划，则需要测试放量的消耗情况与投产比，并进行调整与成交计划搭配。

其次，针对上新期的计划管理应做到如下几点：

（1）素材快速测试，是度过上新期的最佳手段。上新期最理想的情况是测试出能够爆量的素材，然后快速复制计划进而达到拿量的结果，迅速度过上新期。

（2）账户冷启动期遵循的原则：保证素材供给的情况下，尽量多建计划争取更高的消耗量。高出价、多计划、少预算，再配合识别优质计划的能力，快速培养出爆量计划。

（3）新户冷启动较慢，即便是优质计划，也会出现长时间不消耗的情况，需要给计划充足探索的时间。

（4）除预算、出价外，其他项都不要随意修改，便于系统探索模型，并将开播时间拉长至6小时以上。

（5）不同品对极速版、专业版要求不一，两个版本同时测试最佳。为避免长期不起量导致时间浪费，前期可进行多户测试。

（6）具备识别低质计划的能力。低质计划挤压在投优质计划，影响新计划探索投放，需要及时清理低质计划。

（二）培育期计划管理

培育期计划的标志是消耗较快，但投产比情况多种多样。针对不同的投产比情况，我们需要做出不同的应对。

（1）针对有消耗（大于50元）、低投产比的计划，可以把预算卡到只够5单转化以内，等待直播结束后计算综合投产比。如果投产比与及格标准差距较大，则关闭计划。

（2）如果消耗持续，但投产比不稳定，可以半小时为维度进行投产比考核。消耗快可压缩时间，投产比不佳先卡预算再降价，同时复制计划并通过调整定向等方式去优化投产比。

（3）如果有消耗但投产比略低，可以优先跑量过冷启动期，等冷启动完成后再查看投产比情况并做相应的调整。例如，通过降低出价、复制计划并调整定向等方式去优化投产比。

（4）如果消耗不稳定但投产比稳定，在消耗开始下降的阶段就可以通过提价去拉高消耗，并通过调低预算的方式控制风险，同时通过复制计划和调整定向等方式去优化投产比。

（5）如果有消耗且投产比合格，则不做任何计划的修改，争取直接跑到成熟期。

（6）如果消耗不稳定，投产比也不稳定，但投产比合格，复制计划即可。

（7）过新户冷启动期后，如果消耗突然变快，需要观察投产比变化。若投产比正常，则逐步加预算；若投产比降低，则需要卡预算和降低出价。

（8）过新户冷启动期后，如果消耗突然变慢，则需要以5%~10%的阶梯幅度提高出价，并观察投产比变化。

（9）如果计划在直播中突然停止消耗，则需要立即查看直播间违规情况或提高出价；如果在第二天才突然停止消耗，则需要查看直播间违规情况和店铺、账号的分值情况。在确认上述地方都无问题后，就可以采取提高出价的方式并向抖音直客咨询。

（10）在整个培育期，我们都要做到每日新建计划数大于30条，并尽量做到至少每五天产出一条爆量计划，每天至少培养出3~5条通过学习期的计划。

因为培育期是整个投放生命周期能否继续往上爬坡的关键节点，所以笔者在此再梳理一些基于大量实操总结出来的经验点，以供大家参考：

（1）首次投放出去四天内如能积累20个转化的订单，就代表有潜力获得更多的消耗和更多的转化。如果四天连20个转化的订单都没有，则可直接砍掉。

（2）在同一账户的前提下，如果进行广告投放的商品品类和转化目标是相似的，那么对于新计划来说更容易出量。

（3）保持充足预算。当预算消耗到80%时，计划可能会减缓消耗的速度，所以需要注意保持账户余额和广告预算的充足。

（4）切勿复制一模一样的计划，且出价比原有出量计划高。这种操作会让旧计划受影响，而且新计划不一定能比它跑得好。

（5）投放中断会影响正在进行广告人群探索的投放模型，导致预估不准或者提高成本，对主动暂停和调整时段均有较大影响，所以对于正常跑量的计划不要做无谓的操作。

（6）别陷入各种数据论。新户冷启动期只看成本，哪怕订单量很少，只要成本没有高过出价太多，就可以继续投放。

（7）定向前期可拓宽拿量，但需要对高消耗、低投产比计划及时管控，投手必须培养具备识别低质计划的能力。

（8）不要一味重消耗、轻投产。如果前期投放模型太差，则后期投放模型纠正极其困难。

（9）当出现爆量计划时，可适当减少新增计划，保证预算充分发挥在爆量计划上。

（三）成熟期计划管理

成熟期计划的标志是消耗稳定且投产比稳定，处于成熟期的计划越多，意味着直播间的盈利能力越强。

针对成熟期的计划管理，可参照如下操作：

（1）对于成熟期计划，应以3天为周期观察数据波动。如果消耗出现连续下跌，则标记为衰退期计划。

（2）每天复制2~3条成熟的计划，并进行修改定向、创意差异化等调整。

（3）需要分析能跑量的素材，在保留原有核心爆点的基础上做素材裂变，然后创建新计划进行投放。

（4）如果有对应的DMP人群包，可搭配DMP计划，对5A人群进行触达转化。

（5）对于成熟的跑量计划，可阶段性进行小幅度提价，保持计划竞争力。

（6）按照成熟计划的0.8~1倍投产比搭建新计划，并以此投产比为基准逐步增加支付ROI计划。

在管理成熟期计划时，还需要注意如下事项：

（1）不要用相同计划竞争同一用户群体，否则会使计划彼此抢量导致1+1<2，并使账户结构冗杂。

（2）如果账户已有起量计划，可复制跑量计划把原有素材替换成新素材，其余定向不变，这样测试新素材比较高效。

（3）计划生命周期通常在3~7天，所以必须对跑量计划及素材最大化复用，从成熟期开始就要对能够跑量的素材进行裂变式创作。

（4）用程序化创意短时间内快速测出优质内容素材，然后转为自定义创意+单独广告组持续投放。

（5）需要充分利用已经测试出的爆款素材。从内容池、标签、标题、基础定向这四项中，每条计划任选一项更换都可以，只要有一个变量，就不是重复计划。

（6）爆款素材快速裂变出新素材，轻量级的改动可以换开头、换BGM、换口播声音，或者继续用原BGM而只换画面；重量级的改动可对视频的核心数据进行拆解，拆解出视频的脚本、爆点，找出影响用户决策的关键信息，然后进行重拍。

（四）衰退期和激活期计划管理

计划度过成熟期之后，就来到了衰退期，此时需要我们重新激活以便最大限度地利用计划。

衰退期计划的标志为消耗降低，投产衰退；激活期计划的标志则是我们采取了激活策略，将已经衰退了的计划重新激活。

针对衰退期计划，我们可以进行计划复制，即直接将原有计划复制2~3个，做阶梯出价投放。此外，还可以修改计划价格和定向，通过不断提价，重新激活计划，并在提价饱和的情况下进行智能放量。

针对激活期计划，首先要看投产比情况。如果投产比低于预期，则需要关闭计划；如果投产比达到预期，则可以继续投放。其次要继承原来能跑量的定向和素材，不断利用原素材进行裂变复制。特别是针对原来投放较好的素材，需要进行重剪、重拍的裂变。

以上是计划在各生命周期系统化的管理措施和应对方法。我们可以对照不同类型的计划管理措施，分别进行管理和操作，科学合理地管理投放计划，并逐步养成流程化、系统化、结构化的计划管理体系，最终让我们的计划呈现出三级火箭的状态。

所谓三级火箭，首先，需要有20%的主力计划随时在线，消耗掉80%的预算；其次，需要保持每天3~5条新增培育计划，随时在主力计划掉量时进行替换；最后，每天仍需要新增计划，并将其发展为培育期计划。

三、如何用巨量千川付费流量激发免费流量

很多人认为，巨量千川的付费流量会压制免费流量。这种观点是错误的，巨量千川的付费流量不但不会压制免费流量，反而能够激发免费流量。

口说无凭，我们先看一个案例。图7-20是一场2022年7月3日的直播，场观为760人次，自然推荐占比为22.5%。

图7-20　直播数据（一）

采用巨量千川投放激发自然推荐的操作后，7月24日直播场观提升到3万人次，自然推荐占比提升到了37.63%（见图7-21）。

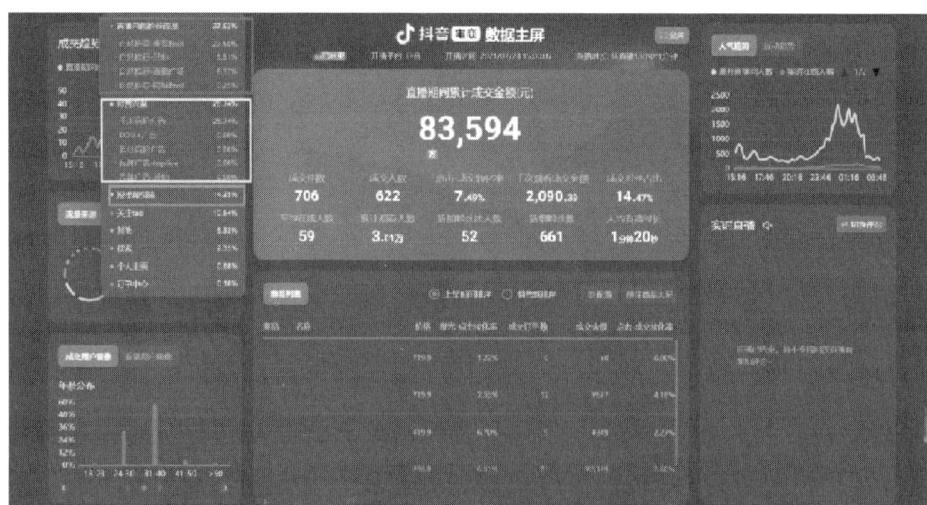

图7-21　直播数据（二）

在此后的直播中，自然推荐占比均不低于30%（见图7-22），成功实现了巨量千川付费流量激发自然推荐的目标。

图7-22　直播数据（三）

以上并非特例，笔者实际上操作过多个类似账号，验证了一套行之有效的巨量千川付费流量激发免费流量的打法。

在讲解具体操作之前，我们需要明确付费流量激发免费流量的底层逻辑。

（1）巨量千川投放流量激发免费流量，其底层逻辑同样是直播间算法。我们依然要满足直播间算法对于互动、转化等指标的考核，只不过需要通过巨量千川投放的形式来引入付费流量去完成。

（2）通过引入巨量千川付费流量，再配合活动拉动互动数据，搭配成交做高转化，是最有效的扩量手段。当直播间里具备互动行为的用户越多时，激发的流量规模就越大；当直播间的交易指标越做越好时，激发的流量就会越发精准，只是规模会逐步下降。因此，在采用巨量千川付费流量激发免费流量时，我们要同时兼顾互动指标和交易指标。

（3）由于考虑到投产比，有较多付费的直播间就无法做到像自然推荐直播间那样的组品和直播模式，而需要兼顾投产比和活动数据的产出。我们不可能把直播间改成卖场式的"低价憋单"直播间，否则无法保证投产比，也会浪费精准的付费流量。

在明确底层逻辑之后，我们就可以从如下七个方面进行具体操作。

（1）转为偏卖场模式。调整直播间风格，主播从平播改为偏卖场强节奏的直播，做各类优惠活动，激发用户的互动行为。

一般来说，采用巨量千川付费为主的直播间，多用语速平缓的平播模式，节奏感不强，引导互动的话术也不多，无法满足互动指标的考核。因此，如果想要激发免费流量，首先就要将这种平播模式，改成偏卖场的直播模式。

（2）开播极速流承接。在直播刚开场时上架活动款，围绕话术、活动机制，做憋单和卡库存放单，最大化承接极速流，获取人气数据。

在直播开始时，利用优惠活动和话术憋单，可以做出不错的停留指标和互动指标。同时，利用上述操作也能最大化地承接开播后的极速流量，获取人气数据。

（3）定时福袋。每15~30分钟，通过发放实物福袋，拉高新进直播间用户的停留数据，并通过福袋提升互动率。

（4）投放设置。如果开场流量很小，可通过精准定向配合直投做脉冲式的投放，以期开场瞬间拉高直播间流量；如果开场有一定的初始流量，则无须投放。度过开场阶段来到场中后，按巨量千川原有模式进行投放即可。

（5）场中赠品模式。在承接完直播前期的极速流量之后，随着投放计划的起量，精准的付费流量会逐步被引入直播间中。这时我们不能再用福利款去承接，以免打乱标签，拉低投产比。

我们可以在原有利润款基础上，搭配一些赠品，更好地承接流量。我们可以将赠品单独做一个链接，通过弹窗去拉升用户的停留指标。同时，我们可以用赠品作为逼单条件，用适当的话术引导用户评论、点赞，做好互动指标。

（6）强停留场景。为了拉升用户的停留和互动，对直播间背景、贴纸、商品陈列和展示等直播间场景也要往强停留的方向去设置和改动，最大化承接直播间的曝光流量。

（7）拉高场末流量。在下播前15分钟，通过福利款和相关活动机制拉升停留和流速，并在最高位下播，这将有助于下次直播时获取更多的免费流量。

通过上述操作，我们就能在一段时间内用巨量千川付费流量激发免费流量，让直播间保持一个较为健康的流量结构。

第八章

算法研究

在日常的直播中，我们会遇到很多问题，例如，新号没有流量、直播间流量难以拉升、直播间流量突然下降等。其实，只要我们了解了抖音算法的底层逻辑，上述问题就会迎刃而解。

抖音作为一款现象级的移动互联网商品，在其飞速发展的背后，是强大而先进的算法。毫不夸张地说，要想做好抖音直播带货，就必须理解抖音算法的底层逻辑。

第一节

全面拆解抖音指标算法

一、算法演变路径与底层逻辑

说到抖音的算法，首先我们必须明确一点：没有人可以100%了解算法。

算法是一个平台最核心的机密和最有价值的财富，从平台利益与风险管控角度来看，是不可能被公开的。其次，虽然算法是人为设定的，但是所有算法的运行都会有一个机器学习的过程。而机器学习的结果可能与最初的设定大相径庭。因此，我们所能获取的对算法的认知，更多的是经过一定的实操、包括直播间的数据沉淀后所提炼出的规律，具有"后验性"。

算法的底层架构不会轻易更改，但会发生一系列演变。而在这些演变的背后，往往反映着平台不同发展阶段的商业化需求。

所以，在拆解抖音直播算法的模型与架构之前，我们先一起回顾一下抖音算法的演变路径，这将有助于我们更好地理解抖音算法与直播带货之间的关系。

任何平台的初始期，往往都伴随着红利，抖音也不例外。在抖音直播的第一阶段，平台的需求在于直播用户的拉新，所以此时基本上只要开播就会有流量灌入。在此阶段，常见的直播玩法是"无人直播"和"平播"，对直播间的玩法技巧要求很低。

随着用户观看直播习惯的养成和第一批商家的集中进驻，抖音直播也迈入了第二阶段。在这个阶段，平台的需求不仅需要更多的新直播用户，还需要把更多看直播的人留在直播间里。因此，进入这个阶段后，开播未必会有流量，算法的考核重点在于"留人"。为了完成这一考核任务，很多直播间的应对办法是"卡直播广场"或提供各种福利活动（福袋、抽奖）。

到了第三阶段，平台的需求就更进一步，希望有更多的用户在直播间发生交易行为。为了达成这个目标，算法的考核重点以交易数据为主，直播玩法也迭代升级出"AB链""AB店""迷宫链"等玩法。

在第四阶段，平台不但考核交易数据，更关注良性交易的情况。也就是说，平台不仅希望用户在直播间有交易行为，还希望这个交易行为的客单价更高、更持续。这时，直播间仅有成交数据也未必能持续获得流量，建模递增、补数据、鱼塘起号、高返等玩法也就随之出炉。

2022年，抖音直播的一些发展趋势值得我们注意。例如，抖音、西瓜、头条三个App端流量的融合，电商服务权重深度影响流量分发，商品卡成交比重的提升，优质内容对于流量的影响越来越明显等，反映了抖音平台进一步加强电商流量内容化的趋势。

二、算法模型与架构拆解

纵览抖音直播算法的变迁，无论算法的考核重点如何变化，其底层逻辑一直未曾改变。流量、指标、标签、权重四大元素构成了这套直播算法的底层逻辑（算法模型）。

（一）流量

流量是算法的最基本元素，主要用于衡量直播间观看人次的规模（所谓的场观）。很多第三方数据平台会以直播间每场观看人次的规模为标准，将所有直播间划分为不同的流量层级。例如，E级是百人级别的场观；D级是千人级别的场观；C级是万人级别的场观；B级是十万级别的场观；A级是几十万级别的场观；S级是百万级别的场观。

这种划分方式虽然有不准确的地方，但可以相对直观地帮助我们了解直播间的整体流量情况和竞争力。

（二）指标

在如今的抖音App上，每时每刻都有成千上万个直播间在直播，这么多直播间自然也有好坏优劣之分。作为直播平台，抖音需要一套科学体系以数据的形式去衡量每个直播间的开播质量，进而根据对应数据的优劣排序，给不同直播间分配流量。这套科学体系涉及各类数据指标。作为衡量直播间质量的标准，指标体系不是由单一维度的数据构成的，而是可以进一步细化为互动指标、漏斗指标、交易指标和流量指标。

1. 互动指标

互动指标主要是指直播间内用户产生的互动行为，如停留、点赞、评论、关注、加粉丝团、分享等。在这些互动指标中，停留是最基础、最重要的指标。因为所有数据和行为的产生都必须以用户的停留为前提，没有停留，其他任何指标都无从谈起。

互动指标大体上反映了一个直播间的人气状态。从算法考核的角度来看，这是衡量直播间能否有效留住用户的重要标准之一。如果一个直播间的互动指标做得好，数据好于竞争对手，那么该账号就可以优先获得系统的自然推荐。因此，互动指标是提升直播间流量规模的基础指标。

2. 漏斗指标

互动指标优异的直播间会得到算法的流量分配奖励，但这样的奖励只是更多地让直播间"曝光"，即直播间被推送到更多用户面前。至于用户是否点击进入直播间以及最终是否购买商品，这些在用户行为链条上更为复杂、更为深度的行为是算法无法直接影响的。且随着用户在直播间内的行为越发深度，到达下一步的用户人数就如同漏斗一样会逐层减少。

从用户看到直播间到进入直播间、点击具体商品并下单购买的过程中，每一步的用户行为都更为复杂。

这些用户从进入直播间到最后下单购买商品的比例可以具体拆分为曝光点击率、购物车点击率、商品点击率、订单创建率、成单转化率五项数据指标，笔者将这些指标统称为"漏斗指标"。在众多漏斗指标中，如同互动指标中的"停留"一样，直播间的"曝光点击率"是最基础、最核心的数据，直接决定了流量规模。

3. 交易指标

作为一个卖货的直播间，除了能留住用户，更重要的是，需要向算法证明直播间的变现能力，而这些供算法判断直播间变现能力的指标，笔者将其称为交易指标。

顾名思义，一切跟交易行为相关的指标，均为交易指标。具体包括GMV（商品交易总额）、直播间点击转化率、GPM（平均每千人下单总金额）、ATV（平均交易价值）、UV（独立访客）价值等。下面笔者将会对除GMV外的其他交易指标一一进行讲解。

（1）直播间点击转化率代表直播间将停留的用户完成购买转化的能力，主要影响因素是商品和主播。例如，一个主播在50人在线的时候，能够做到17%的直播间点击转化率。但等到在线人数增加到四五百的时候，由于主播能力不够，也就是所谓的流量承接能力不足，直播间点击转化率就可能降低到10%以下。

（2）GPM是直播间数据分析的必备要素，它反映的是平台每给直播间推送1000名用户，最终能达成多少成交额。GPM这一指标的背后是不同流速（流量速度）的转化率。在一场直播中，每个时段内的流速一般会有较大差异。例如，在一场总时长4小时的直播中，前30分钟会有大量用户涌入直播间，但后30分钟直播间用户数量显著下降。因此，在观察直播间数据波动情况时，我们一定要看不同时段内的GPM数据（如5分钟GPM），而不是看整场直播的GMV数据。

（3）ATV代表的是不同用户的购买能力，一个用户会买19.9元的东西还是会买199元的东西，这不仅由商品本身决定，也会受用户自身购买力的影响。

（4）UV价值代表的是单个用户在一场直播中能创造多少价值。UV价值与GPM是相关联的，就是一场直播下来如果最终的GPM数据很高，那这次直播的UV价值也不会很低，这就是人们喜欢用UV价值去衡量直播间流量价值的原因。

4. 流量指标

流量指标指的是那些与直播间流量相关的数据指标，如场观、流速和峰值。

（1）场观是一场直播的总观看人次，反映的是一场直播的总流量或者总用户是多少。

（2）流速即流量速度，通常用5分钟内进入直播间的人数减去离开直播间的人数，就可以得出直播间的5分钟流速。

（3）峰值即在线峰值，是指直播间的最高同时在线人数。

（三）标签

流量被分配给不同的直播间之后，就会保持恒定不变吗？在熟悉上述指标的相关内容后，我们可以轻松地得出答案：不会。算法在分配流量时，不但有数量上的差异，也有质量上的差异，这就涉及另一个名词：标签。

标签，即用户的身份，具体分为基础标签、偏好标签、潜力标签和交易标签。直播间的标签越精准，算法越能知道直播间需要什么类别的用户，进而推送相应类别的用户。接下来笔者就各标签的意义做一个详细拆解。

（1）基础标签包含用户的性别、年龄、地域等基础信息。对具备基础标签的直播间，算法会提供满足基础标签的用户流量。大多数直播间只要开播超过一周，算法就会探索到直播间的基础标签。这时我们就会发现，原本性别、年龄、地域等条件不匹配的用户逐渐变少，推送来的流量开始变得精准。

（2）偏好标签是指用户的兴趣倾向，即看过什么类别的内容、喜欢看什么类别的内容以及喜欢与哪些类别的内容互动。需要注意的是，这里的内容不仅指直播，也包括短视频。对具备偏好标签的直播间，算法推送进来的用户，开始喜欢停留、互动，但未必热衷于购物。因为具备偏好标签只能表明用户对这类内容感兴趣，但未必有购买行为。

什么标签会涉及购买行为呢？潜力标签和交易标签。

（3）潜力标签，是算法根据用户历史行为预估的用户潜力行为，代表用户对什么商品感兴趣、可能购买什么商品。

（4）交易标签代表用户曾购买过什么类别的商品、客单价大概多少、多久买一次等情况，即购买商品类别、客单价、购买频次等交易行为。如果一个直播间内停留的已有交易行为的用户越多，那么其交易指标的完成度就越高。一个具备良好交易标签的直播间，往往就是我们说的标签精准的直播间。这时算法就能很好地了解直播间需要哪一类的用户，其转化率就会远远高于一般直播间。

（四）权重

算法模型的最后一个关键词就是权重。权重是一个相对的概念，是指某一指标在整体算法评价体系中的相对重要程度。

在上述互动指标、漏斗指标和交易指标中，各项数据指标的重要性是不一样的。例如，在互动指标中，停留数据更重要，即停留的权重更高。

在直播间的不同阶段以及平台算法不同的考核要求下，各项数据指标都是处于变化之中的。这种重要性的变化就是权重的变化。例如，如果直播间的各项数据指标完成得越来越好，自然推荐就会越来越多，直播间整体的推荐流量权重也会越来越高。再如，进入2022年大家都能感觉到，粉丝团这些更深度的互动指标的权重明显高于2021年。

第二节

直播间算法的实际运用

当用流量、指标、标签、权重这四把金钥匙打开算法之门后，我们就可以将其运用到实际的直播中，去规划和指导直播间具体的运营工作。

一、账号冷启动时期的应用

账号冷启动期，即直播间起号的过程，往往是最令人头疼的。但只要掌握算法模型与重点考核元素，这个难题就会迎刃而解。

账号冷启动期，就是在算法的认可下，获取流量、承接流量进而实现流量稳定变现的过程。在新号开播时，我们常常会遭遇没有流量的困境。从算法角度去分析，原因就在于新号还没有向算法去证明自身的变现能力，缺乏各项数据指标的反馈和佐证，没有流量权重，也没有成熟稳定的直播间标签。

在这种情况下，算法不会信任新号，自然也就不会优先分配流量。同时由于标签的缺失，算法也无法推送精准的人群到直播间，从而影响直播间各项数据的表现。换句话说，在才开始直播的新号阶段，算法即使想推送流量，也不知道应该推送什么样的流量。

因此，在新号开播的时候，我们首先要做的是赢得算法的信任，最需要考虑的是互动指标中的停留数据，而不是交易指标等其他因素。这时直播间运营的重点是想办法让更多人停留在直播间，而不是一上来就想着要卖货。因为只要能让用户留下来，就意味着直播间在做停留指标，这就向算法证明了直播间能够留得住用户，算法就会分配更多的流量给直播间。例如，很多直播间往往喜欢采用低价商品引流的方式，吸引大家停留在直播间，目的就是做好互动数据，获取更多算法分配的流量，也就是自然推荐。

从另一个角度来看，算法对直播间的每一次流量推送都是一次试探，而试探皆有成本。例如，直播间昨天是500人次的场观，而今天达到了2000人次的场观。这多出来的1500人次，就是算法试探直播间的成本。

为什么算法愿意付出这样的成本进行试探？可能是我们直播间的整体数据表现不错，权重高出同行。这时，算法就愿意推送更多的流量，来观察直播间能否承接得住更多的流量。也就是说，这1500人次是对直播间承载力的一次考验。当算法给直播间分配了更多的流量时，希望得到的自然是直播间互动、交易等各项指标增长的正反馈，而一旦得到了正反馈，算法就会奖励直播间更多的流量。反之，算法就可能把流量分配给做得比我们好的竞争对手。这种"赛马机制"会确保优质的直播间得到更多的流量。所以，有时直播间出现的流量下滑的情况，未必是直播间做得不好，而是竞争对手的直播间做得更好。

我们不但要与竞争对手进行"赛马"，还要和自己"赛马"。也就是说，在账号冷启动时期，我们需要尽量争取每场直播的数据表现都要比上一场好，在直播间数据上呈现出稳定的螺旋式上升。

二、账号发展期的运用

如果直播间顺利度过了账号冷启动期，就进入了下一个阶段——发展期。那么借助算法，我们如何去理解一个直播间的发展与演变？

直播间发展的过程，就是各项指标权重不断提升的过程，最主要的就是场观和标签两大核心元素的进化：场观的数据量会越来越多，从而实现量的变化；进入直播间的用户会越来越精准，从而实现质的变化。想要实现直播间的长期良性发展，这两者缺一不可。

1. 场观的发展

一般来说，我们习惯用场观数据的大小来判断直播间流量的多少。毫无疑问，每一个直播间都会追求更多的流量。但一味追求更多的流量，常常会陷入短平快玩法的陷阱中。何谓短平快玩法？这些玩法有个明显的特点，就是只注重直播间场观数据的增长，而且越快越好，却忽略或无法兼顾直播间标签的进化，所以注定是昙花一现。反之，那些能兼顾场观与标签双重进化的玩法，才是真正的长效性玩法。

一个理想化的直播间，其所有指标都要按照算法的规则均衡发展，不能"偏科"。例如，当直播间某个指标增长得非常快，即把转化率、

GPM、UV价值等某项数据做得特别高时，确实能获得场观的迅速提升。但是，随着场观的提升，算法对交易等深层数据指标的考核也会越来越严格，相当于对直播间的要求从"新手村"逐步提高到"高手场"。如果此时GMV等交易指标没有随着场观同步提升，就意味着直播间没有满足算法更高标准的要求，就会在"赛马机制"中出局。

算法之所以要对直播间做出这种考核，从商业角度可以较为清楚地得到答案：从平台角度来看，单位时间内的流量始终是有限的，因此平台会特别注重这些流量价值的最大化。当我们用短平快玩法拉升场观的时候，占用了更多的平台流量，却无法给平台创造更多相应的商业价值，自然会被算法所"惩罚"。

因此在实际的直播间运营中，我们要从较高的战略角度去看待流量以及一些短平快玩法，学会享受流量的"延迟满足感"。即不要沉迷于流量，而要优化好直播间整体的承接和转化能力，在此基础上再去追求更多的流量。

2. 标签的发展

一个直播间的健康发展，除了场观的递增，也应该伴随着直播间用户标签的逐渐精准。但是，没有一个直播间天然具备交易标签，任何直播间都存在用户标签逐步精准化的过程，这个过程也可以称为"打标签"。

无论是基础标签、偏好标签，还是潜力标签、交易标签，想要给直播间打上这些标签，唯一的方式就是去激发用户的对应行为，从而为算法识别直播间标签提供足够的数据样本，最终打上标签。例如，当我们让用户停留在直播间，做出点赞、评论等用户行为时，就是在为直播间打上基础标签和偏好标签；当我们让用户点击购物车、下单购买商品时，就是在为直播间打上潜力标签和交易标签。

那么，一个直播间打上精准的交易标签之后，是否就完成了标签精准化的要求了呢？答案是否定的。

我们需要明确的是，因为用户的行为一定是动态且不确定的，所以直播间的用户画像永远处于动态的变化之中，所对应的直播间的标签也只有相对精准，不存在打上了标签就一劳永逸的好事。例如，当我们的直播间顺利发展了一段时间后，已经形成了较为精准的标签，但只要有几场组品失误，出现大量低价商品的成交，就可能打乱已有的标签。

还有一种情况，就是所谓的"洗标签"。例如，某些低价转高价玩法的直播间，会面临 "洗人群标签"的过程，也就是逐渐筛除低价交易标签的人群，获取更多高价交易标签的人群。想要达成这样的目标，就必须发生大规模的高价成交的交易行为，用数量更多的带有高价标签的数据去对冲原来的低价标签数据，让账号的交易标签从低价逐步转变为高价，除此之外没有别的捷径可走。

此外，我们可以通过投放的方式，去加速标签精准化的过程。很多直播间在刚开播时，往往会通过广告投放的方式，根据目标人群的用户画像去选择不同的投放定向，用这种一开始就锁定精准用户的方式为直播间打上相对精准的标签。从这个角度来看，投放不只是放大流量的手段，也是让直播间标签更为精准的工具。

第九章

玩法设计

第一节

直播玩法的设计模型

一、玩法设计的第一性原理

说到玩法设计，大多数人的第一反应就是去模仿别人的直播间玩法：看到同行如何排款，自己也如何排款；看到同行的直播间是什么场景，自己也搭建什么样的场景；看到同行主播是什么样的相貌风格，自己也去找或相仿什么样的样貌风格的主播。

然而绝大多数时候，这种不加思考地去照搬照抄，结果都是失败的。为什么会失败？因为我们只看到了对方表面呈现出来的玩法，却没有搞清楚对方为何这样去设计玩法，没有掌握到玩法的底层逻辑。

笔者在拆解别人的直播间的时候，不是用类比照搬的方式，而是采用"第一性原理"进行推演。"第一性原理"就是不仅关注自己看得到的事物，还要去深究事物背后的底层逻辑。

具体到玩法设计上，我们应该怎么去操作？笔者认为有三个核心步骤。

第一，如果我们要创造一个玩法，首先要做的就是，思考整个平台的商业化路径是什么样子的，目前平台的商业化需求是什么，再反推直播玩法设计的核心目标。

第二，当明白平台的需求之后，我们再思考针对平台的需求，算法会用一种怎样的方式去推动。针对这一点，我们一定要有自己的思考，自己揣摩出对算法的理解。

第三，当完成以上两步后，我们就要思考最后一个问题，应该以怎样的一套标准化流程来体现并执行这套玩法。

二、玩法设计的标准化操作流程

为了便于大家理解，笔者在此以递进式起号玩法来举例。

递进式起号玩法产生的背景是抖音直播带货经过近两年的发展，在用户渗透率和直播的商业氛围上已经具有了一定的成熟度，此时平台就不再单纯地追求将流量变现，还要去提升用户的贡献价值。对应的结果就是平台希望用户能够购买更多正价甚至高客单价的商品，而不再一味地追求低价、特价，同时商家也能实现良性直播价值，赚取到合理的收益。

为了满足平台的这一商业诉求，对于算法来说，除了考核直播间的日常停留、转化等数据，也会倾向于考核实时直播的转化率及单用户的价值。具体到数据指标上，GPM、UV价值的提升考核也就应运而生。

以上就是笔者对平台需要什么和算法如何去推动达成这一目标的思考路径。在明确上述条件后，我们又该如何设计这套玩法？具体来说，要从目标设定、流程梳理、活动搭配、货品搭配、话术设计、场景设置、内容与包装等方面一一设计与落实执行。

（一）目标设定

设计玩法的第一步是目标设定，即什么阶段要满足怎样的算法。例如，递进式起号玩法就分为冷启动期、承接期、测爆款期，冷启动期通过互动指标打开自然推荐获得流量，承接期通过福利品满足成交密度，测爆款期通过精准流量测试爆款。

（二）流程梳理

目标设定是规划要达到的阶段，流程梳理则是规划账号的生命周期以及各个阶段应该重点关注的事项或数据。例如，冷启动期预计几天，第一天该做什么，第二天该做什么，第一天活动如何进行、搭配什么品，这种规划要从冷启动时期到承接期再到测爆款期，贯穿始终。

（三）活动搭配

活动搭配即我们需要在每个阶段分别策划什么活动来激发用户行为，完成直播间的考核。例如，冷启动期通过极致性价比商品来激发用户点赞、评论，承接期需要密集成交的形式，完成算法的对应考核。

（四）货品搭配

有活动，必然涉及与之匹配的货品。货品搭配需要我们思考为了配合每个阶段的活动，应该有怎样的选品和组品策略。例如，冷启动期需要引流款，你就要去挑选符合条件的引流款，而承接期需要福利款，你就要挑选福利款。

（五）话术设计

作为直播间与用户交流的主要载体，话术的种类可以分得很细，具体来说包括：开播前30分钟话术要怎么说、开播30~90分钟要怎么说；围绕讲款的讲款话术；围绕活动的活动话术；围绕打单、逼单的成单话术；围绕评论、气氛的百问百答话术；等等。当把这些话术组成一个整体时，我们就形成了整套的直播脚本。

（六）场景设置

为了配合活动顺利进行，我们应该思考设置怎样的直播间场景，才能使用户被吸引，活动形式、商品卖点被体现。

（七）内容与包装

这是指在以直播间玩法为基础，如何确定一个直播间的账号与人设的包装，让用户信任并提升转化率；如何结合视频在提升账号辨识度的基础上为直播间的流量服务。

以上七点构成了玩法设计的核心要素和步骤。我们在设计玩法时必须有全局思维，否则在遇到一些突发情况时就会手忙脚乱，不知该如何处理。例如，有些人可能遭遇过这样的困扰：直播间的流量突然拉升得很高，却不知道接下来怎么做。为什么会有这种问题？因为很多不成熟的操盘手不具备统筹全局的思维，不会做提前的规划和预设。任何一名操盘手都应该明白账号的目的、流程、活动、话术等所有细节，并清晰地知道账号到了每个阶段该如何去做，一些通用性问题出现了该如何去应对。虽然账号的发展可能并不是 100% 按照规划进行，但是如果我们提前预设好各种问题和应对措施，至少心里会很稳，主播也不会很慌。

反之，如果没有提前预设一些问题及应对措施（例如，出现了直播间的流量突然拉升的情况），那大概出现的情况就是，运营手忙脚乱没有合适的商品去承接大流量，主播面对突然暴增的在线数据无所适从，那么这个账号在经历过短暂的流量爆发后很快就会归于沉寂，最后"死掉"。

初入抖音的新手可能暂时并不具备设计一个完整的账号流程的能力。这时要做的就是，对同行直播间进行像素级的拆解与模仿，同时按第一性原理去思考其各种玩法表象背后的底层逻辑与原理。

最后，无论是新手小白，还是专业操盘手，在设计直播玩法时，都应该按第一性原理去设计具体的玩法。只有这样，才能大大降低试错成本，提高直播间成功的概率。

第二节

活动起号玩法拆解

所谓活动起号，就是结合直播间的优惠活动来完成账号冷启动的一套玩法。接下来，笔者将从选品与组品、账号运营、账号冷启动、流量承接与过款四个方面逐一拆解这套玩法。

一、选品与组品

很多人喜欢先选定商品，再匹配玩法。其实在很多时候，商品本身的特点限制了活动玩法的选择。

从最大化提高起号成功率的角度来看，适合活动起号的商品往往具备以下五个特征：

（1）正价款也低价：这样能够极大降低引流款转正价款的难度。

（2）大众款：这样有利于初期混乱标签人群的承载。

（3）女性客户为主：这样更容易帮助完成互动行为。

（4）目标客户年龄段为25~40岁：这样的女性一般是家庭中的消费主力。

（5）多种商品组合：意味着能测量多款。

我们选择的商品具备上述的特点越多，越能提高活动起号的概率。

既然是活动起号，就必须有引流款、福利款和利润款的组品。引流款，即大多数人想要，具备性价比高、认知价格高、采购价格低的特点，微利甚至亏钱；福利款，同样是大多数人想要的，且有爆款潜质，但因为去除了利润或者利润很低，所以和引流款一样显得性价比高；利润款，带有正常利润的长期爆款或者潜力爆款。

其中，引流款的选取成功与否基本决定了前期起号的生死。如果选择了一个好的引流款，即便主播不说话都能拉流量。如果主播播得还可以，但就是拉不起流量来，毋庸置疑，一定是引流款的问题。

二、账号运营

1. 基础准备

为了提高活动起号的成功率，最好在筹备开播时就选择三个账号同时测试，以避免账号出现问题影响整体进度。笔者曾遇到过很多失败案例，例如，账号长期发作品而零播放、直播一周无自然推荐、新号拉流被举报致死……所以多备几个账号同时起号，能最大限度地规避上述问题所带来的时间成本。毕竟，比起多号开播的资金成本，断播、换号导致的人员成本和时间成本更多。

另外，在准备账号的时候，我们不要偏信一些谎言：账号认证蓝V并不决定流量，养号也不会给你打标签……但作为一项重要的准备工作，抖音小店一定要提前开设好。因为大多数做活动起号的账号，上架的引流款都来自自家小店，而大多数情况下我们在精选联盟选不到好的引流款。

至于福利款、利润款的选择，既可以是精选联盟好物，也可以是自家小店的商品。不要因为笔者说了精选联盟选不到好的引流款就忽视了精选联盟，在食品、家居品类，笔者80%的商品都选自精选联盟。

2. 注意人设打造

很多人在做活动起号时都会忽略一个问题，那就是账号人设。一个带有人设的账号不仅能够形成有差异化的记忆点（例如，工厂人设强调源头好货，博主人设强调好物精选等），还能够极大地提升转化率、复购率以及私域的导入效率，也可以大幅降低退款率、退货率及差评率。

在进行账号的人设打造时，我们不应只是通过账号里介绍的文字去描述或佐证人设，而是应该从视频端、直播间场景、主播话术、售后服务中进行充分体现和佐证。只有这样，才能真正做到让用户记住、信任，并愿意长期与账号保持互动关系。

3. 短视频流量不可忽视

我们在做账号运营时，千万不要去留恋那些零作品卡直播广场也能在线上万的传说。诚然，在2020年甚至2021年，这种例子依然屡见不鲜，但这些曾经风光一时的账号如今活下来的还能有多少？因为抖音始终是一个内容平台，而主要承载内容的方式，就是短视频。

　　在如今的抖音直播带货领域，短视频流量不仅应成为账号运营的重点，还应被操盘手当成至关重要的战略点。哪怕是以自然推荐为主的活动起号玩法，也应当具备创作优质带货作品的能力。

　　一个好的带货作品是以流量精准度为评判依据的，即尽可能把每一个流量导入直播间，再通过直播间的转化实现商业价值。

三、账号冷启动

　　当完成账号运营的基本工作后，接下来就进入新号开播的冷启动期。

　　新号无标签、低权重的特性，决定了账号在开播初期只有泛流量。所谓泛流量，是指标签不精准的流量。因此开播首要解决的问题就是，借助流量与引流款的匹配性，营造直播间互动，撕开自然推荐的流量端口。

　　有人可能担心，流量少，怎么办？流量不精准，又怎么办？

　　解决方案就是介入随心推的投放，通过付费方式引入相对精准的流量，来加速直播间标签的形成。具体来说，我们可以准备500~1000元的预算，投放目标以直播间人气、评论为主，采取小金额、多批次、自定义、直投并配合超短的投放时长，在直播开场时便快速拉入相对精准的付费流量。

　　这样操作之后，可以将原本平均在线2~3人的直播间，通过付费投放拉升到10~30人。有了流量基础才会有互动基础，主播看到直播间陆续进来的用户，播得也会更有激情。

　　有经验的主播应当知道新号开播的使命：在引流款的带动下，抛出商品的卖点、营销点，并引导用户进行停留、点赞、评论等互动行为。用户在引流款的吸引和主播的话术引导下，开始完成停留、互动行为，然后主播适当放款做出交易数据，如此往复，直播间氛围就可以热闹起来。

以上只是大致的冷启动流程，在实际操作中还包含大量细节，需要我们多加注意：

（1）随心推的投放要迅速，多笔要连投，只有快速的并发流量才能迅速拉起在线峰值。

（2）开场要直奔主题，突出福利，并引导直播间用户停留、互动。

（3）专注打好引流款，如果连最具性价比的引流款都没办法把流量拉起来，更何况福利款、利润款。

（4）营销话术的引导一定要围绕商品卖点本身。

（5）99%的团队第一款引流款都会选错。如果一两场直播下来，无明显互动和在线人数递增，就应该果断更换引流款。

（6）直播时长不宜太短，但也不宜太长，3小时最佳。

（7）不要听信不能憋单的无知言论，平台禁止的是长时间憋单却始终不放单让用户购买的行为；在直播间有真实用户的情况下，可以5分钟左右的间隔进行放单。

（8）不要把用户当傻子，一定要真实放单，不要玩弄套路欺骗用户。

但凡做到以上细节，通过3~5场就可以通过互动指标激发自然推荐，将新号在线峰值拉升至百人甚至千人。但是，千人在线是引流的目标吗？当然不是。让越来越多的用户对我们的直播间产生信任才是目标所在。我们是要赚这批用户的钱吗？也不是，赚的是依靠这批用户撬进来的大量新用户的钱。

众所周知，流量打开后，只有提高UV价值才不至于死号。UV价值真的有那么重要吗？其实，UV价值固然重要，也不过是最终的结果。我们真正要思考的是，真正促成UV价值增加的因素是什么。

例如，很多人一味地依赖客单价的增加去解决UV价值问题，而忽略了问题是否出在用户对直播间的不信任上。反过来，如果用户不信任我们的直播间，我们难道不应该降价吗？为什么用户还要购买涨价的商品？

因此，一个真正能够成功的活动起号账号，一定是在场景搭建、主播话术、商品排品以及人设塑造上，通过3~7天的时间，塑造了一个强大的信任氛围。这样的氛围足以让用户实实在在地相信我们，进而完成购买甚至复购。

此外，我们还要通过话术、活动衔接的方式，让每一个进来的人都跟着铁粉互动，在直播间内形成羊群效应，进而完成高流量下的大量成交。

以上是活动起号能够成功的关键总结，值得每一名操盘手反复思考。

四、流量承接与过款

通过前文对冷启动期的拆解，相信大家对于引流款的作用已有一个更新的认知：引流款的作用不是单纯地追求高在线人数，而是借助用户基于信任感做出的互动行为，去更好地满足算法考核进而获得自然推荐。

在这个过程中，如果信任氛围没营造好，在线人数拉得越高，对直播间的承载能力要求就越高。但凡一到两场直播无法承接好流量，账号就会面临流量快速下跌的窘境。另一种情况则是，直播间始终只能卖引流款，一换其他商品就卖不动，这就是所谓的转款失败。而日常大多数转款失败的账号，其命运基本在开播前几场就注定了：一味追求超高在线人数然后发现转款失败，到最后流量持续下跌并且再怎么也救不回来。

正确的做法应当是，从第一场开播就注意直播间信任感的塑造，并在初步获得氛围和流量后，开始介入福利款。福利款存在的必要性，从算法角度讲，这是流量扩大进入更高级流量池后对要完成UV价值、成交密度等指标的考量；从用户角度讲，这是继续用福利营造直播间氛围，同时为后期转正价款做铺垫。

福利款的介入，其实并没有想象中那么复杂。每次开播的极速流量仍然用引流款去承接。而开场后流量处于相对稳定阶段时，即可采取"ABA"的排品策略，即在每一轮引流款之后，快速介入福利款进行售卖。当然，也可以根据直播时流量的稳定情况，随机插入福利款，动态调整福利款的过款比例。一个好的引流款和福利款的搭配结构，会让福利款介入时依旧保持数据的螺旋式上升。这样得到的结果，既保证了数据的稳定性，又保证了UV价值的成长，让直播间不至于沦为一个只能卖引流款的所谓"薅羊毛直播间"。

五、卖利润款才是直播间的终极目标

相较于福利款的介入，利润款的介入时机和方法在理解时就相对复杂一些。在此，笔者以一个鞋类直播间的起号流程为例进行拆解。

商品为女鞋，客单价为100~300元，账号人设为工厂老板。

直播间场景以仓库为背景，在开播的时候，通过镜头介绍仓库，并展示仓库的库存。

主播边行走，边指着某双鞋子给大家做福利款。开播3~5场把直播间在线人气拉起来以后，就开始切入福利款。即将50~70双断码鞋子以成本价售出，让直播间里的用户在短时间内大量下单，做高成交密度，并让用户产生停留。

在此期间，主播侧重做了几件事情：

第一，利用场景和人设打造信任感，直接到仓库直播。让用户相信主播是一个工厂老板，同时从仓库的规模、福利活动的力度上侧面证明工厂实力。

第二，选择近40岁的女性主播，外貌上符合传统老板娘的形象。

第三，对商品质量的塑造，不像一般直播间那样主要强调商品性价比，而以断码为理由给直播间做活动，并强调福利款虽然断码，但是质量依然很高，塑造商品的价值感。

第四，说秒杀就秒杀，毫无含糊与套路，只要有真实用户，到时间点就会按比例放单，并不断强调自家货品质量。

前一批用户得到了实惠，并通过直播间场景、主播、话术、质量的塑造，完成了信任感，这才是推动流量不断上涨的根本原因。在在线人数持续走高之际，设定一个对新人具备诱导力的话术，并配合福袋设置同样的引导评论话术，就会产生大量的刷屏行为。新进来的用户被直播间大量真实用户发出的同样评论所吸引，就会产生停留和互动，进而让直播间获得更多的自然推荐。

此时，主播就可以上架利润款，完成高密度的正价款成交。

以上案例主要有两点值得我们借鉴。一是，拉高在线人数的目的是测爆款。可以说，直播带货的核心就是找到爆款，并利用爆款赢得销量和利润。流量拉高的唯一目的就是，利用更高的流量测出爆款，快速完成几十万甚至上百万的GMV。

二是，给出了活动起号转款的正确方式。一般来说，新手以为只要拉高在线人数就可以开始转卖利润款，而真正的操盘手还会考量"场"的信任度、气氛塑造等因素。

上述案例就是专业的活动起号直播间从低价转正价的正确操作。

以上便是笔者对于活动起号这种玩法的步骤拆解。值得注意的是，起号能否成功一定有概率，哪怕原封不动地按照上述方法去操作，也未必能100%成功。但即使失败了也不要紧，只要及时总结找出失败的原因，在下次操作时加以避免，并做好相关细节，顺利起号不过是迟早的事情。

第三节
递进式起号玩法拆解

拆解完活动起号玩法，我们再拆解下与活动起号有一定关联的递进式起号玩法。

活动起号玩法是最依赖算法的直播玩法，而递进式起号玩法同样离不开底层算法。与活动起号玩法相比，递进式起号玩法有三个显著的不同点。

（1）讲究流量的分层管理，冷启动期获得自然推荐，承接期完成成交密度，测爆款期专注测爆款。

（2）讲究排品的渐近渗透，冷启动期专注引流款，承接期专注福利款，测爆款期专注测爆款期的测品效果。

（3）讲究场景的氛围营造，在转正价的影响因子上，把场景塑造放在了最优先级别上。

下面我们从直播的不同阶段来详细拆解这套玩法。

一、冷启动期

1. 理解算法逻辑，拒绝流量高潮

很多人并不理解账号冷启动期的核心目标，一开播就用力过猛，例如，将自然推荐比例拉升到99%，在线人数峰值破千，场观几十万。笔者把这种行为称为"流量高潮综合征"，即只管享受流量带来的兴奋感，完全不考虑这么多流量到底是用来干吗的，这样做又会造成什么样的后果。

这里又需要说到算法这种底层逻辑。大多数人忽略了算法的推流机制，即获得的流量越多，平台给的考核要求就越高、越综合。如果无法顺利承接和转化这么多流量，等待账号的结局就是"死掉"。

当一个新号处在冷启动期时，平台更多考量的是其留人的能力。这也是很多直播间在前期只通过互动指标就把流量拉起来的原因。当平台给予的流量越来越多时，成交密度、UV价值的考核也就越来越严格。一旦这些数据指标没做好，流量就会急剧下滑。我们不难想象，一个新号猛然获得几十万人次的场观，主播能承接得住吗？货品能支撑吗？

说到这里大家就会发现，一个账号发展的过程其实也是主播能力、商品价值同步提高的过程。因此，冷启动期的核心任务应当是稳定地获得自然推荐，但要适可而止，而不是单纯地觉得流量越多越好。

2. 排品策略

在递进式起号玩法的冷启动期，货的问题相对简单，选好引流款即可。因为在冷启动期，只需要有引流款。如果我们连引流款都卖不动，还怎么去卖福利款甚至利润款？如果不是已经经过数据验证的引流款，那最好还是多准备几个商品，每场更换不同的商品进行测试。由于新号在冷启动期流量很少，因此不建议一场直播中拿多个引流款进行测试。

3. 直播流程

与活动起号玩法一样，为了能够在开场获得基础的在线人数和互动数据，递进式起号玩法需要借助随心推的投放。

我们可以采取自定义投放的方式，根据目标用户画像，选取用户的基础标签，保证初始流量的相对精准。在投放形式上依然采取直投形式，以便最快速地在开场就获得流量的拉升。其他投放设置与活动起号玩法一致，小额、多笔投放，总预算500~1000元最佳。

在付费流量进入之后，主播就需要介绍引流款，并配合活动、互动话术引导用户进行停留、点赞、评论等互动行为，以获取大量的互动指标。

在有随心推进行广告投放的情况下，直播间可以在开场半小时内达到几十人在线。这时，主播要做的就是不断通过引流款和话术引导用户互动，当出现5人以上的真实互动时，直播间就可以执行放单操作。放单的数量可根据互动人数来设置。互动人数少于10人，放单数量一般不超过互动人数的30%。当在线人数越多时，放单的比例最好做到按一定比例递减。目的是既要避免引流款放单过多导致成本增加，也要让直播间用户感到福利是真实存在的。

在这个阶段，福袋的发放也必不可少。一般来说，福袋使用分为三种场合：第一，流量开始进入时，可通过福袋留人；第二，即将秒杀时，用福袋引导评论话术形成羊群效应；第三，流量下跌时，通过福袋减少在线人数的流失。福袋方式以大额抖币福袋为宜，设置粉丝团以及对应的评论话术，就可以达到提升人气互动的效果。

在每一轮过款结束后，还要做两个关键动作，保证一套流程做到闭环。

（1）要求已经抢到商品的用户在直播间评论回应，让其他人确信活动的真实性。

（2）对于没有抢到的用户，采用安慰话术，告知主播宠粉活动会继续，然后继续切入下一轮的憋流、秒杀环节，如此反复循环。

最后是时间选择。冷启动期的直播，建议放在冷门的直播时段，避免跟大主播竞争，直播时长控制在3~4小时。

如何判断直播间已经度过了冷启动期？笔者自己的参考标准如下：连续3场直播，场观大于5000人次，在线峰值大于200人。

只要引流款、话术不出问题，按上述直播流程，3~5场直播后即可达到上述数据，一般不会超过7天。

二、承接期

1. 排品策略

承接期要完成的目标，从算法角度上看，会开始重点考核UV价值、转化率、成交密度等指标，那么直播间就要实现对应数据的增长。

从账号运营角度，这时就要进一步塑造直播间氛围，并从引流款转向福利款，为后期承接利润款做准备。此时引流款依然是存在的。进入承接期后，引流款主要有两个作用：第一，开场极速流量的承接；第二，流量下跌时救场。

在进入承接期时，除了引流款，我们还需要加入福利款。福利款的作用主要也有两个：第一，拉升UV价值；第二，通过大量成交，提高成交密度。

要想完成承接期算法的考核指标，最合适的就是福利款。第一，福利款比引流款价格高，所以UV价值会拉升；第二，福利款仍然具备性价比优势，转化率不会低；第三，从成本角度，福利款不亏钱，做成交密度就不会因为高成交增加亏损成本。

福利款要准备多少款？当然是越多越好。任何组品结构都需要测款，测出的爆款福利款越多，对流量越有正面影响。

2. 直播流程

首先，开播时我们继续进行随心推的投放，但是投放目标有所改变，要从之前的侧重人气、互动，转变为侧重下单、成交，并搭配少量的互动。

改变的原因非常简单，因为进入承接期就意味着直播间已经具备一定的推荐流量，此时再侧重于互动意义不大。承接期的核心目标既然是交易指标，那么随心推的投放目标也要做相应改变，更侧重在交易上。

同时需要注意的是，该阶段的投放由于不追求开场的流量注入，那么在投放时就不需要采取批量投放或叠投的方式。正确的做法应该是，根据实时的在线人数与成交数据情况，将随心推的介入作为补数据的手段，实现流量与成交的正态分布。

其次，在账号开播前半小时，极速流量相对不是那么精准，此时可继续用引流款承接，在极速流量后则主推福利款，采取2~3分钟迅速过款的策略。之所以这样做，是因为没测出高成交福利款之前，任何福利款都有风险，所以此时不能对某个福利款进行长时间的售卖，以避免出现因为福利款不够受欢迎导致成交不够进而流量大幅下跌的情况。

反之，如果过款时对流量影响不大，就可以持续过不同的福利款。对于转化效果明显的福利款，甚至可以安排多次返场。但是如果一卖福利款就发现人气迅速下降，就需要引流款的及时介入，以迅速拉升流量。

如果一切顺利，大致在10场直播以内，就可以完成承接期的目标，即场观、GMV的螺旋式上升，以及福利款的批量成交。

三、测爆款期

1. 排品策略

度过承接期后，就迎来了最重要的测爆款期。我们此前的所有准备，都是为了测爆款。

为何要在承接期后才测爆款？

第一个原因，只有当直播间具备一定规模的流量时，才具备测试爆款的意义。否则，一场只有几百人、互动人数寥寥无几的直播，测试爆款有什么意义呢？

第二个原因，只有直播间具备相对精准的用户标签，才能测爆款。如果账号没有从冷启动期到承接期的过渡，还处在靠低价吸引用户的阶段，那么转正价商品的难度会大大提升。

第三个原因，只有直播间具备了信任氛围，才能测爆款。账号从冷启动期到承接期、再到测爆款期的过程，实际上就是主播在直播间塑造信任感的过程。只有打造了直播间的信任感，转正价商品才具备现实意义。

2. 直播流程

进入测爆款期后，我们就不再需要开播时进行广告投放。至于开播极速流量的承接，仍然采用引流款。引流款卖过之后不要直接切换到利润款，而要采取福利款加利润款组合的方式轮流过款，同时按低中高价格的排款模式，尽可能降低新款切入的风险。

与承接期一样，如果利润款切入时流量跌幅不大，就可以继续采用福利款和利润款轮排；如果流量下跌严重，说明利润款选品有问题，就需要直接介入引流款将直播间流量拉升至正常的在线水平。

如此稳定地播3~5场后，就可以逐步增加利润款的过款比例，不管是通过正常排款还是返场，直到最终利润款的排款占据了购物车里的大多数位置。

在这个时期，我们要注意如下四点：

第一，相比前期数据的显著增长，测爆款期不管是场观还是在线人数，都逐步趋于稳定。

第二，利润款的比例会不断增加，但直播间依旧需要引流款、福利款，只是不同阶段不同组品发挥的作用会不一样。

第三，只要照常开播，销售额就会保持螺旋式上升。当测出爆款时，销售额就会突然大幅拉升。

第四，直播时长需要拉长，从之前的每场3~4小时，要陆续增加到5~6小时，为单场直播提供更多的时间测试爆款。

如上所述，测爆款期最重要的使命就是，在场观、在线人数、销售额等数据稳定增长的基础上，快速测试爆款。只有测试出了爆款，直播间才能发生质的飞跃。

笔者之所以在很多地方多次强调爆款的重要性，原因有两个。第一，爆款带来瞬间的大量正价成交，将极大推动账号垂直化、流量递进化的过程，经历过爆款的账号在未来将会具备更强的直播优势。第二，爆款带来的规模化成交，将为这个账号的运营团队带来规模化的收益，这也是做直播最直接的意义。

四、常见问题与操作要点

在整个递进式起号玩法的过程中，下面这些问题常常会困扰大家。

第一，过不了冷启动期，即无法持续且稳定地获得自然推荐。首先要排查引流款有没有选对，再看主播的活动话术、成交话术是否匮乏或者是否缺乏基础的直播能力；然后再查看直播间场景是否突出了活动卖点，是否缺乏信任度。

第二，过不了承接期，即福利款无法批量成交。首先要排查福利款是否合适，与引流款是否具备衔接性；然后要查看主播转款能力是否较弱、无法提升转化率。

第三，过不了测爆款期。原因可能是利润款选择错误，无法满足用户需求或主播转化能力差，流量承接力不强。

第四，无法持续出现爆款。这是特别常见的问题，主要原因可能是自身供应链较弱，也可能是操盘手对市场敏感性、爆款识别能力比较缺乏。

第五，无法从引流款转利润款。也就是所谓的转款失败。很多人做直播时缺乏氛围设计，一上来就低价吆喝。然而，当我们营造的始终是一个鼓励用户薅羊毛的氛围时，这个直播间也就注定会失败。

那些做得好的直播间，无论处于哪个阶段，一定都非常注重直播间氛围的营造。从直播间场景的价值感到商品价值感的塑造，再到打造真诚的活动氛围，每个环节都做得非常精细。因为对于用户来说，只有我们塑造出一个卖好货、主播也具备信任感的直播间，用户才愿意为正价款买单。

第四节

千川单品玩法拆解

一、千川单品玩法释义

在所有以付费投放为主的玩法中，千川单品玩法堪称"永远的神"（YYDS），也是目前笔者直播间总销售额占比最高的玩法。

什么是"千川单品玩法"？顾名思义，"千川"是指巨量千川的投放。在此种玩法中，直播间的流量以千川的付费流量为主，占比甚至可以高到九成。"单品"指的是单一的商品（SKU），直播间主要只卖一个商品或一组商品。

在明确定义后，我们就能更好地去判断什么样的直播间属于千川单品直播间。一般来说，千川单品直播间具备如下两个特点。

第一，有非常明确的主打商品。相对于一般直播间的多SKU甚至多品类，千川单品直播间则会简单得多，就是一款非常明确的主打商品。有的直播间会放多个商品链接，或者对主打商品做多个套餐，但本质上只主推一个商品，所以称为"单品"。

第二，流量几乎全部来自付费流量，也就是巨量千川的投放。虽然有的直播间会有一些自然推荐，但不应该对其投入多少关注。我们要关注的不是有多少流量来自免费的自然推荐，而是巨量千川的付费消耗规模，以及最终直播间的利润能否覆盖广告投放的成本。

必须明确的是，千川单品投放策略和我们日常多品直播间的千川投放存在较大差异：在日常的千川投放中，投产比一般都是操盘手要关注的，而在千川单品玩法中，往往不去追求一个很高的投产比，而是追求更高的广告消耗。

例如，在日常的千川投放中，直播间往往存在很多商品和商品组合。这些商品甚至是不同的品类。在投放时，一般采取多商品混投策略，对投产比要求比较高，有的甚至要达到5~6。但是在千川单品玩法中，普遍投产比的盈亏线都在2以内。两者相比，是数倍的差异。

对于千川单品玩法的团队来说，投产比达到3或4并不是大家特别关注和追求的，而是去追求"大力出奇迹"——提高广告的整体消耗量，利用规模效应去赚钱。这一点是很多没做过这类玩法的人难以理解和接受的。

为了方便大家理解，我们不妨算一笔账：

假设直播间的投产比为1.5即可保本。现在有两种情况，一是投产比为3，但广告总消耗只有1000元；另一种是投产比为2，但广告总消耗可以提升到100万元。如果你是直播间的操盘手，你认为哪种情况更容易获得更多盈利？你会如何选择？

显而易见，第二种情况的盈利更多，也是我们希望看到的结果。

二、千川单品玩法优劣势

（一）千川单品玩法优势

为什么笔者会在开篇时就说千川单品玩法是"YYDS"呢？倒不是说

这个玩法特别简单或者精妙，而是说它在模式设计上相对其他玩法而言不可控因素最少。其他玩法一般都会受到运营能力、场景、主播、短视频素材等因素的影响或制约，但相对来说千川单品玩法受到的影响是最少的。

1. 对场景要求低

既然是"单品"，也就是直播间主推一个商品，那么对直播间场景的要求是非常低的。所以你会看到，千川单品直播间99%都是绿幕直播间。

为什么会出现这种情况？因为千川单品直播间多出现美妆、滋补、食品、家居百货等品类。对这些品类的商品，很多时候用实景搭建去展示商品卖点的难度或者成本都会比较高。例如，面膜的使用效果、花椒鸡的诱人口感等，难以表现不说，花大力气搭建的实景最终效果多半难以让人满意。

相对地，如果用绿幕直播间，上述问题则迎刃而解。因为是单品，所以就可以用虚拟背景的方式反复强化商品卖点或场景特点。同时，因为是采取绿幕+虚拟背景的方式，所以对场景空间、场景搭建等都不需要太多要求。作为对比，服饰品类对直播间空间的要求是比较高的，既要布置符合商品调性的复杂背景，空间还不能小，灯光要求也不简单。而千川单品玩法一般都不需要很大直播间，只要放得下一个绿幕，然后主播距离绿幕1.5米左右即可。

2. 对主播要求低

好主播可遇不可求、流失率高、一有成绩就被挖走……主播问题是任何直播团队永远的痛点，而千川单品玩法将这些问题的影响降到了最低。

其一，话术简单，对主播能力要求不高。其他类型的直播间一般都有很多类型的商品，主播需要挨个去记忆商品卖点、背诵各类话术，自然对主播的能力提出了要求。但在千川单品直播间，所有话术只围绕一个商品展开，话术结构会简单很多，主播掌握起来也很轻松。

依然用主流的服装品类举例。因为多品的原因，很多服装直播间至少需要半小时才能介绍完一轮商品，意味着主播最少也要熟练掌握30分钟的话术。而主打品只有一个的千川单品直播间，一轮完整的话术循环基本是5~8分钟。换句话说，主播只要记住这段5~8分钟的话术，然后不断循环就可以了。这意味着即使临时的兼职主播，稍加培训也能立即上播。

其二，流量规模不大，对主播能力要求不高。直播间不同的流量规模，对主播的流量承载力要求是不同的。一个50人在线的直播间，跟一个1000人在线的直播间，对主播的流量承载力提出的要求是完全不同的。对于高在线人数的直播间来说，如果主播的控场处理稍有失误，就可能对最终的销售情况产生极大的影响。

在千川单品直播间，在线人数30多人都是很正常的。前面已经讲过，这类直播间的流量主要靠千川投放，以付费方式去获取精准的流量进入直播间，同时投放的目标更多是下单和成交。这种投放策略决定了整体直播间的流速不会太快，流量规模自然也不会大。这样一来，对主播的整体能力要求也会大大降低。

其三，不"废"主播。千川单品的直播模式大部分是偏平播的，不需要主播像做卖场型直播间那样卖力地吆喝。众所周知，卖场型直播间是非常"废"主播的，需要主播保持情绪高昂，卖力吼叫。作为对比，以平播为主的千川单品玩法，主播可以四平八稳地专注在介绍商品上面，哪怕是新人主播，单次播三小时以上也不是什么困难的事情。

其四，主播好招。这一点可以说是前面三点导致的结果。一般做千川单品都是矩阵式运营，同时有三四个直播间一起开播。拿笔者自己来说，千川单品的直播间有接近40个。在这种情况下，在长沙这样直播人才相对匮乏的城市，去招聘40个成熟的卖场型主播是非常困难的。

但千川单品玩法对主播的依赖性很低。即使招聘新主播，也只需培训一小时，练好那段5~8分钟话术，就可以上播了。

3. 对投放要求低

虽然千川单品玩法是以付费为主的流量结构，但对投放技术要求很低。

依然以多品来做对比。相较于其他多品直播间，无论是出价的管控，还是计划的排列，乃至投放数据的优化分析，千川单品玩法的投放难度都低了很多。道理很简单，推十个品的投放难度，和推一个品的投放难度，两者相比很可能不是十倍的差距，而是数十倍。毕竟，多品投放要考虑的要素包括素材、计划、类型、时间、主播节奏等，复杂得多。

以上是千川单品玩法，相较于其他玩法的三个显著优势。综合起来就是，将很多不可控因素的影响降到了最低。

（二）千川单品玩法劣势

说完了优势，我们还需要客观地看待其劣势，或者难度较高的地方。

1. 有矩阵运营要求

为了缩短测品周期，千川单品玩法多要求矩阵运营，也就是多个直播间同时开播，测试不同的商品。

一个商品的测品周期是三周，如果只有一个直播间，测了三周后发现商品不行，就要换下一个商品来测试。由于每个直播间都主推一个商品，当有十个商品需要测试时，不可能都放在一个直播间做测试，否则会耗费大量宝贵的时间在测品上。

所以千川单品玩法会选择多直播间同时开播，实施矩阵式运营。

2. 有素材创作要求

千川单品玩法对素材的要求体现在两个方面：一是素材的创作要满足投放的高要求，吻合直播间曝光进入率和最终投产比的要求；二是素材的创作要满足审核的高要求，千川的审核一向是这种玩法的难点。

看到这里，有人可能会说，投放资金是否也是难点？

笔者认为投放资金不是难点。因为当千川单品玩法能够消耗大几十万元的时候，投产比一定是正的，毕竟在亏钱状态下，一般都不会消耗几十万元。因此，使用千川单品玩法，我们要考虑的是在投产比为正的前提下，千川能不能投得出去、消耗能不能提升，而不是一个月有没有一两百万元进行千川投放。

如果能把消耗提上去，还能达到比较合理的投产比，那么资金问题是容易解决的。一方面，直播间的销售可以快速回笼一部分资金，这样可以进行滚动投放；另一方面，只要直播间有盈利，以目前直播带货的热度来说，还是比较容易获得外部资金注入的。

三、千川单品玩法实操

千川单品玩法是一种最大化减少直播间变量的玩法，但也存在一些难点需要我们去攻克。接下来我们详细阐述千川单品玩法实操的核心要点。

（一）前期准备核心要点

前期准备要往矩阵化运营方向做，以最大限度地节约时间成本。

1. 准备好抖音账号

关于抖音账号，如果是老号，那么最好用以前直播过的同品类的账号。如果起用新号，直播间没有任何销售记录，千川广告账户又是新户，那么前期冷启动时就会费一点时间。相应地，如果是已经有一些历史数据的老号，就会发现老号的投放效率会比新号好很多。

说完质量说数量，笔者建议账号准备三个为好。因为千川单品玩法是非常容易死号的，所以最好一开始至少准备三个号，而且要确保一个号在直播时，另一个号已经准备好口碑分，随时可以顶上来。如果其他号没有口碑分或只有一个号开播，一旦正在直播的号出现问题，就会非常耽误时间。

如果维护得好，一般一个号可以正常使用3~5个月。但也可能，由于商品品控以及售前售后服务等原因，口碑分很快就掉到4.5分以下。这种号前期出单量小还好，否则就很难挽回了。

2. 搞定口碑分

上面账号的部分已经说了不少口碑分的重要性，如果是老号，一般口碑分都在，这也是推荐用老号的原因之一。如果是新号，一定要尽快让抖音小店跑出口碑分，否则就不能投放。如果口碑分低于4.5分，则会对千川投放消耗影响很大。

怎么快速出口碑分？常见的方法有两种，一种是人工干预，另一种是在直播间真实亏货，以亏本的价格快速出单、快速出口碑分。

人工干预很多时候不可控，自然出单会更加稳当。所谓自然出单，就是在刚开播时，投放随心推。然后在直播间挂一些低价链接商品做福利，两三天时间出30多单即可。

有人可能会担心：这样用随心推去低价"烧货"，对后期的账号模型有影响吗？这个不必多虑，在单量很少的情况下，一旦直播间爆单，很快就会把账号模型跑正，毕竟数据规模不是一个量级，很容易修正。

3. 注册至少三个抖音小店

抖音小店和抖音账号一样，要至少注册三个。因为小店口碑分很差的时候，一般小店体验分也好不到哪儿去。

此外，小店最好能够过新手期。如果没过新手期，则可能会压制千川的整体消耗。笔者就遇到过很多次这种情况，一旦过了新手期，第二天销量就大幅提升了。而且没过新手期单量也会受限制，所以过了新手期的店是最好的。

4. 准备多个千川广告账户

这倒不是因为千川单品玩法容易封户，如果不是因为重大违规，千川封户、冻结款项等情况是很少出现的。准备多个账户的目的在于进行多户投放。因为每次千川投放，系统探索的初始流量人群都是不一样的。所以在不同的千川后台，虽然有一模一样的投放计划，但有些计划就跑得好，有些计划就跑得不好。原因就在于，每个后台匹配的人群存在差异。即便同一个千川账户后台，两条一模一样的投放计划也会出现有的跑得好、有的跑得不好的情况。因为两条不一样的计划，它们的匹配人群是不一样的。

　　所以，最好能够准备多个千川广告账户，同时投放在同一个直播间，然后看哪个账户的投放效果最佳，最后选定一个账户重点投。如果条件有限，至少也要保证有两个千川广告账户。如果一旦起量，那么每天创建投放计划100条以上，消耗量可能在10万元以上。倘若因为账户受限，影响了投放的消耗量，就太可惜了。

　　综上所述，无论是抖音账号、抖音小店还是千川广告账户，都要准备多个，这样才能进行矩阵式运营，最大限度地节省时间成本。

（二）选品标准核心要点

1. 高利润率

　　千川单品选品的第一个要求是高利润率，至少50%以上。这一点是硬性条件。如果利润率不高，是没有办法去做广告投放的。前文也说过，目前千川单品的投产比平均在1.8左右就能盈利，但其实很多商品不到1.8也能盈利。你可以想象一下，只需要1.8，再算上一定的退货率，还要能盈利，这对商品利润率的要求是非常高的。

　　例如，一款售价69.9元的果蔬钙片，采购加物流成本是20元左右。这样的商品，这样的利润率，才比较适用于千川单品玩法。有些大品类下的细分商品也适用于千川单品玩法。例如，服装行业中的暴汗裤、鲨鱼裤、大虾、美妆行业中的睫毛膏、素颜霜等。

2. 低退货率

　　千川单品选品的第二个要求是低退货率，10%以内最佳。退货率低，是相对于整个大盘和品类而言的。笔者做得最多的就是食品、家居百货和美妆工具三类，这三类的退货率整体会低一些。具体而言，食品投放千川的退款率能控制在15%以内，退货率能控制在8%以内。

作为对比，如果用活动起号玩法，退货率可能不会超过3%。用千川单品玩法，退货率会高一些，这是没有办法避免的。不过，只要投产比控制得当，商品利润率较高，退货率高一点也没关系。

3. 强视觉

千川单品选品的第三个要求是强视觉。对于非达人类直播间而言，绝大多数情况下，投短视频素材都优于直投。相对于实时画面，提前制作的视频素材要可控得多。

如果我们在短视频素材制作上没有一点思路，或者所选商品根本不适合用视觉化的语言去呈现，那么投放难度就会非常大。越能够被视频可视化呈现的商品，越符合千川素材爆量的标准。此外，千川单品选品时，以下三个要素也值得考虑：一是商品在某一方面的卖点极其突出，如功能性或颜值；二是商品在日常购买渠道不容易找到，却能满足部分人群的差异化需求；三是往期的鲁班电商爆款，很可能成为千川单品的爆款，但这一点需要在直播间做测试。

（三）素材为王核心要点

素材，堪称千川单品玩法的生死线，也是千川单品直播间爆量的终极门槛。

如何创作爆量的千川素材？以下四大创作法则供参考。

1. 要有内容思维，而不是单纯的广告思维

不要直接或生硬地抛出商品的营销点，而要把营销点后置。过往的很多广告素材，尤其以二类电商为代表的广告素材，常用的表达方式是从开

头就不断用强视觉效果去刺激用户，最后告诉用户性价比超强还包邮到家。这种素材的广告性是非常强的。

但抖音本身是一个内容平台，在众多感兴趣的内容中突然跳出一个广告让用户去买东西，就会显得很突兀。因此，千川投放非常鼓励具备原生内容感的素材。所谓原生内容，即抛弃纯粹的"广告思维"，尽量把广告性的信息后置，弱化营销感甚至无营销，更多地去展示商品本身、用户痛点、解决方案、使用场景等信息。

2. 要有编导思维，用套路吸引停留，让人看下去

很多千川投放素材的时长非常短，一个好的素材一般控制到5~20秒。在素材的开头，就要用视觉化的表达牢牢地抓住用户，让用户继续看下去。好的留人方式，一定是画面大于文案。

3. 重视音乐选择，多用节奏轻快且匹配用户画像的爆款音乐

这一点往往容易被忽视。一个素材能否爆量，音乐选择也是重要的影响因素。一首匹配视频画面又匹配目标用户喜好的爆款音乐，是素材的加分项。

4. 重视模仿能力，跟踪同行的爆款视频，节省测试成本

通过模仿同行的爆款素材模板，直接混剪，可以节省非常多的测试时间。原创素材需要投入大量的精力，往往并不如模仿爆款来得高效。

找到一个爆款模板后，千万不要想着从原创的角度去做太多发挥，否则难度会非常大。而要不断地拍，重复地拍，批量地拍，直到这个素材的流量被吃透，再去更换。

最后请记住两个终极原则：

（1）能触碰到审查规则的极限，就是投产比的最高线；

（2）高投产比的本质，就是赋予商品本身没有的卖点。

这两个终极原则经过了无数优质投放素材的一次次验证。

如果在制作千川素材时遇到了瓶颈，请务必思考上述两句话，它们一定会给你带来新的启发和思路。

第五节

其他主流玩法拆解

除了活动起号玩法、递进式起号玩法和千川单品玩法，市面上还有大量其他玩法。前文所述，玩法是可以自创的，但其底层逻辑一定要符合平台算法的考核。下面我们来拆解其中最主流的几种玩法。

一、极度垂直玩法

极度垂直玩法的核心不在于持续地获得自然推荐，进而承接、转化、拉高UV价值达到稳定流量的目的，而是从一开始就压制流量规模，通过爆款短视频加长时间开播来完成直播间各阶段的跃迁。

这个玩法的成败有四大关键点：

（1）测试出爆量短视频模板。爆量短视频不仅可以为直播间提供初始的精准流量，还能测试爆款，将直播间的商品打爆。

（2）高精准转化产生推荐权重。直播前期不做低价憋单，而是通过同行爆款降价或自身福利款促进成交。开播时关闭"同城"按钮，以视频端流量和系统初始推荐流量作为基础，搭配高性价比商品进行转化，通过精准的成交给直播间打上精准标签。

（3）利用爆款带动投产比。开播期间搭配随心推或千川投放，用达人相似搭配超长时间投放来保证画像精准。

（4）超长时间直播。通过超长时间直播，为算法提供学习周期，抓取直播间需要的用户，同时不浪费每一个短视频爆量所导入直播间的流量。

这种玩法的特征非常明显，超长直播时长的"日不落"式直播间是外在形式，爆款短视频的制作能力是内在核心。短视频的制作能力尤为重要，因为在此种玩法下直播间并未刻意去引导用户互动，也就意味着很难获得自然推荐。此时，短视频所带来的流量就成了主要流量来源。

活动起号玩法或递进式起号玩法比较磨炼主播的心态，需要主播经受住流量从高到低猛然下滑的恐惧感。极度垂直玩法的流量波动不大，但直播时间拉得非常长，比较考验主播的耐心。

二、三驾马车玩法

前面介绍的玩法主要依赖某一个端口的流量，如自然推荐流量、短视频流量或千川投放流量。三驾马车玩法，指的是同时兼顾上述三种流量，通过自然推荐、短视频、千川投放这"三驾马车"，共同推动直播间的成长。

（一）典型案例分析

三驾马车玩法是在千川单品玩法基础上的革新。千川单品玩法的流量结构几乎90%都集中在付费流量，非常不均衡，风险较大。而由于千川单品玩法多采用平铺直叙的平播方式，排品上多缺乏用于憋单的引流款，话术上也多缺乏互动话术，因此很难满足算法对停留和互动指标的考核，也就难以获取自然推荐。同时，由于团队不够重视和创作难度较大，短视频流量也较为缺乏。

三驾马车玩法是对上述问题解决后的玩法。我们可以将主播的风格由纯粹平播调整为偏卖场，赋予直播间一定的"抢购式"节奏和氛围，同时采用赠品进行轻度的憋单和逼单，从而引发用户的互动行为，最终获得一些自然推荐。

笔者按照上述思路，成功操作了多个这类玩法的账号。我们以其中的一个典型账号"蒙都旗舰店"为例，查看其采用这种玩法的"改造"历程。

（1）2021年7月3日，直播数据是单场总场观平均不到1000人次，自然推荐整体占比不到25%。（见图9-1）

（2）2021年7月24日，在总场观3万人次的情况下，自然推荐占比可达到37%，且在后续的直播过程中，自然推荐占比不低于30%。（见图9-2）

（3）到了2021年8月8日，单场直播销售额已破10万元，且在流量结构中自然推荐占比30%左右，付费流量占比30%左右，短视频流量（短视频引流）占比12%左右，"三驾马车"的模式已完全成型。（见图9-3）

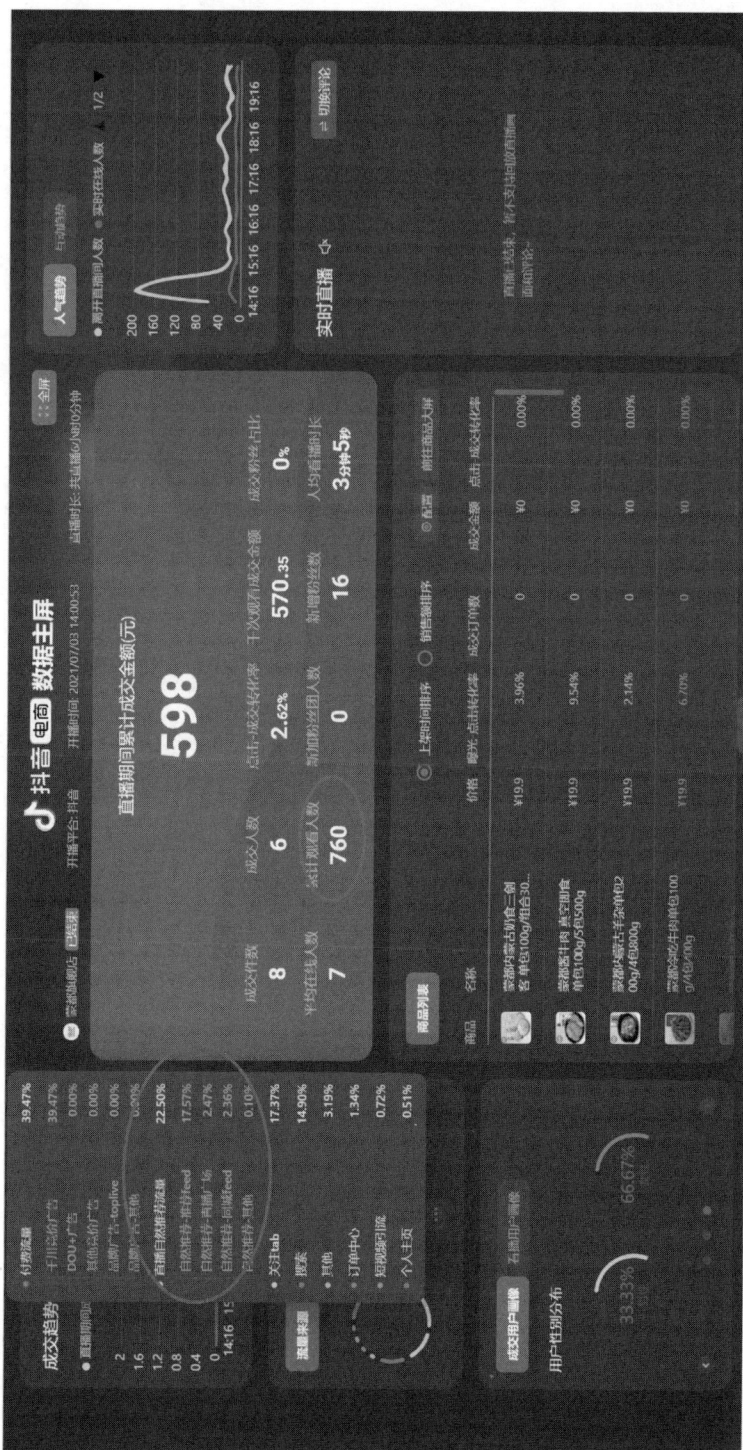

图9-1 直播数据（一）

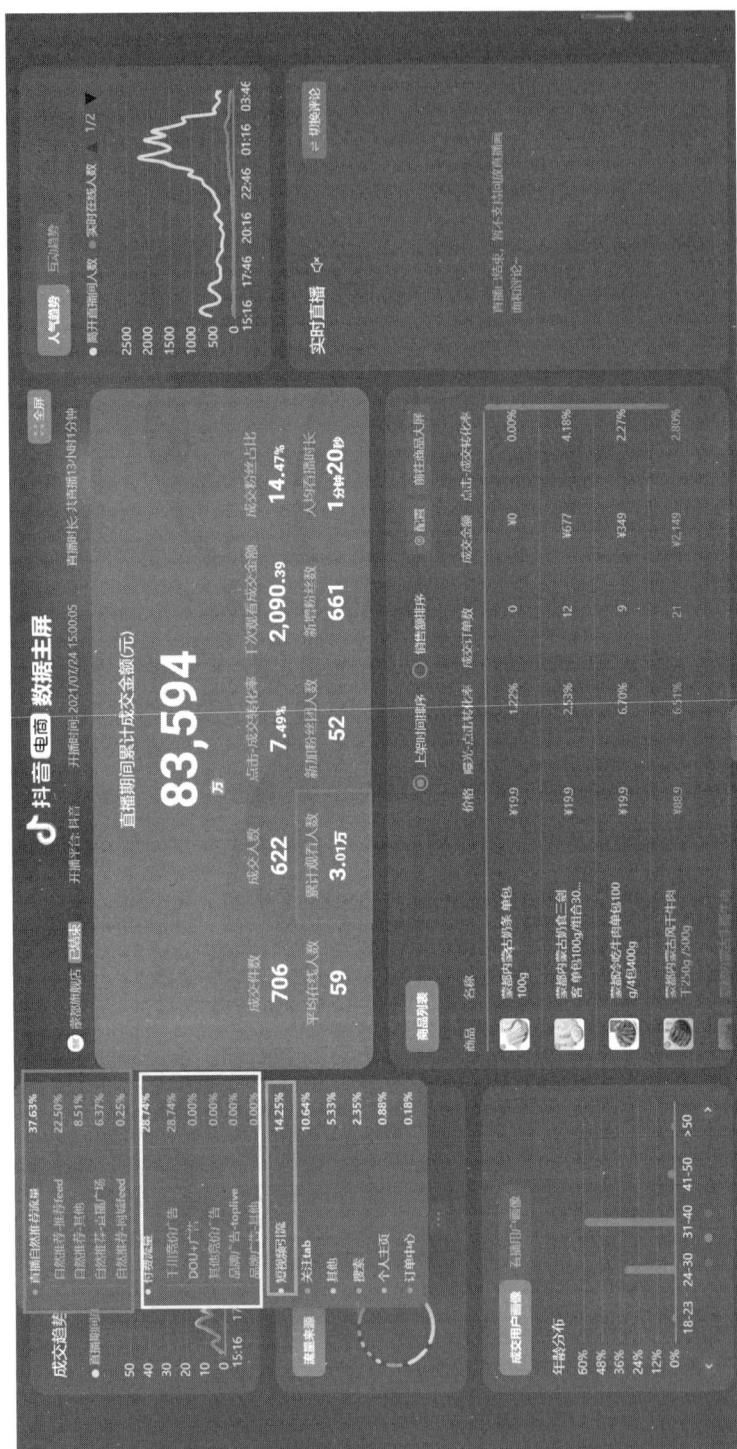

图9-2 直播数据（二）

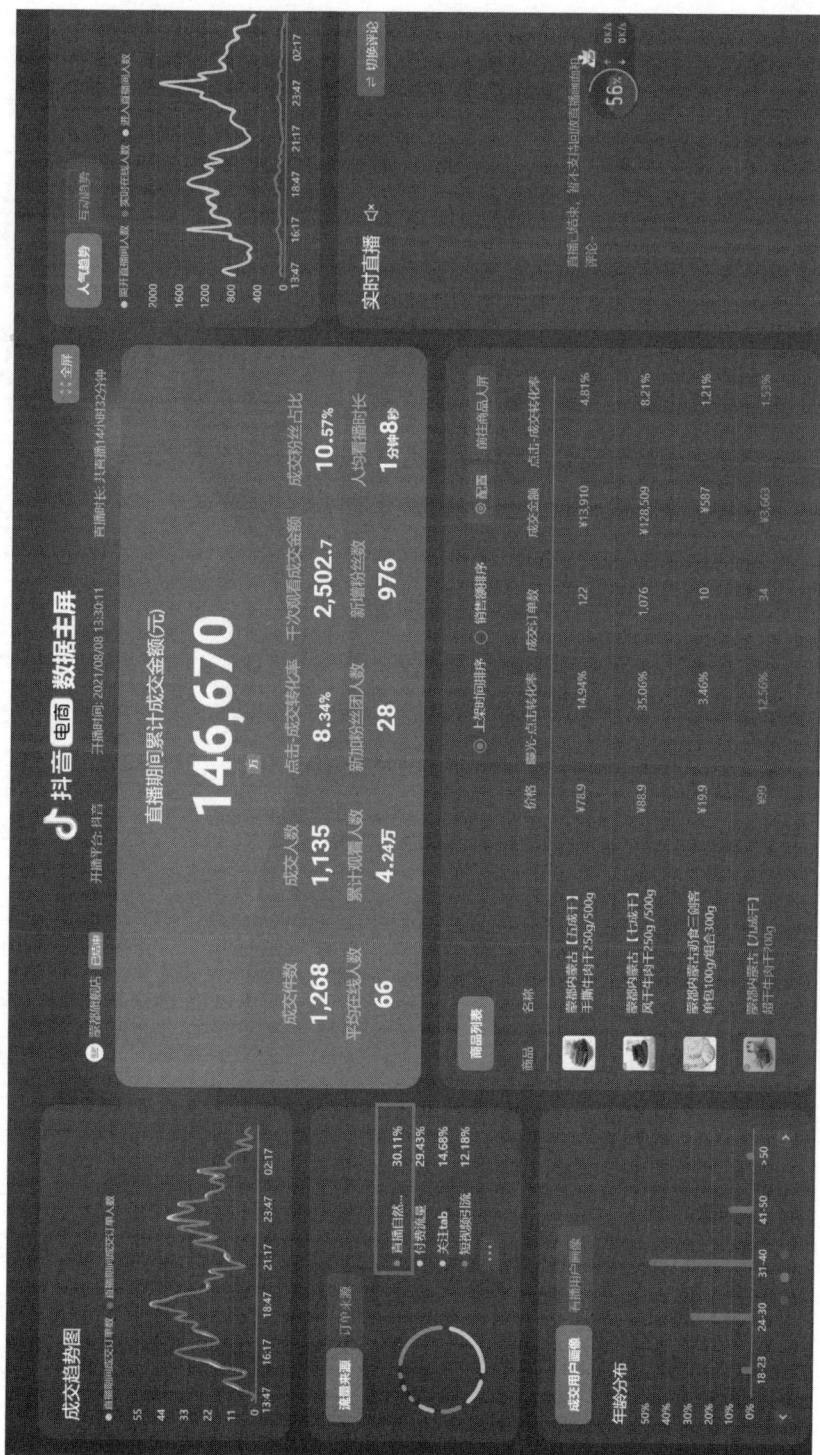

图9-3 直播数据（三）

从最终的销售结果来看，这套玩法的表现也非常不俗。在2021年7—8月，采用三驾马车玩法的蒙都旗舰店的销售额突出了300万元，退款金额不到30万元，利润非常可观。

（二）玩法拆解

三驾马车玩法的优势在于，可以解决下列三个问题：自然推荐的不稳定性；千川付费流量成本的不断上升；短视频爆量的不确定性。这三个问题无一不是大多数直播团队所面临的痛点。

如同其他玩法一样，三驾马车玩法同样有其适合的范围。一般来说，具备下列基础条件的直播间才适合采用这套玩法：

（1）有高利润商品支撑投放的成本；

（2）有容易视觉化呈现的商品方便产出短视频内容；

（3）需要搭配福袋、赠品、引流款做数据递增。

如果直播间具备了上述条件，该如何将这套玩法落地呢？

首先，为了获取自然推荐，需要将直播风格调整为偏卖场的风格。这就要求主播说话语速较快、节奏明朗、气氛调动能力强，同时要了解用户心态，擅长根据活动策划直播氛围。具体风格，可参考那些低价促销或清仓玩法的直播间。

其次，选品需要同时兼顾千川投放和短视频拍摄。商品不但要确保可视化效果强，满足爆量短视频的制作要求；也要保持较高的利润率，足以覆盖投放的成本；并在没有引流款用于憋单做互动的情况下，用赠品来解决憋单和逼单的需要。

最后，直播间场景一定要足够打动用户，让用户多点击和停留在直播间。因为没有引流款吸引用户停留，这项重要任务就需要用直播间场景来完成。

采用这套玩法的直播间在进行数据分析时，要重点看利润品互动指标和交易指标，以周为单位去观察相关数据是否出现了递增，因为只有这样才能持续地获得免费流量。

综上所述，三驾马车玩法能否成功实现，主要是看自然推荐流量和短视频流量占比是否上升。一旦直播间内三种流量达到了较为均衡的状态，直播间的综合投产比就会远远大于单纯的千川付费投产比。

除了以上介绍的玩法，市面上还充斥着各种短平快或偏灰色的玩法。对这些玩法，笔者在此不再过多介绍。对于一般的直播团队而言，只需将笔者前文所述的几种玩法揣摩透彻，并在实操中反复验证，再加上自己的微创新，就可以找到一套适合自己团队和直播间的玩法。

第十章

数据复盘与优化

经过几年时间的快速发展，抖音直播带货的竞争日趋激烈，原有的粗放式运营逐渐显现出瓶颈，这就从客观上要求操盘手必须具备精细化运营的能力。

与之相对应的，各种数据的汇总和分析则是精细化运营的必备基石。本章将详细解析如何进行直播间各项数据的系统化整理与分析，以及在此基础上如何运用这些数据在实战中优化直播间。

第一节

如何有效地进行数据化复盘

一、直播复盘的注意事项

说到直播复盘，其实很多直播团队和直播公司都有这个意识，也一直在坚持复盘。但这里有三个常见的误区，需要我们多多留意。

第一个误区：只笼统地复盘，不深挖问题本质。

抖音直播间数据庞杂，包含流量、用户、商品、内容、投放、漏斗、主播等九大模块。如果只是笼统地汇总场观、销售额等基础数据，不针对各个模块做深度复盘，就只能停留在问题的表面，无法直达问题的本质。

第二个误区：缺乏时间线以及交叉型的数据分析。

对直播间的任何一个数据，以单一时间维度去看都没有实际意义，需要引入周期性的同比、环比数据，才能发现规律、找到问题。同样，如果孤立地去看这些数据，同样价值不大。例如，脱离流速去看在线人数，无法得出任何有价值的结论。

只有多维度、交叉地进行数据复盘，才能更加接近答案的最优解。

第三个误区：脱离直播间的玩法和阶段去复盘。

不同的直播玩法，需要重点关注的数据不一样；不同阶段的账号，需要重点关注的数据也不一样。例如，千川单品玩法的直播间，几乎不需要关注和复盘自然推荐的变化，这是由玩法决定的；刚开播没几场的直播间，则需要更多地复盘和分析停留和互动数据的变化而不是死盯着成交，这是由直播间阶段决定的。

此外，实时复盘的意义大于下播复盘。很多时候，复盘都是在下播之后去分析停留、在线、成交等各种数据。这样的事后复盘也有一定意义。但下播后再去复盘，只能去指导下一场的直播。而在直播中实时复盘，马上找出原因并做出有效优化，可以拿到更好的直播结果和数据。

最后，直播复盘离不开数据分析；数据分析又离不开数据的统计与汇总。直播间的数据五花八门，我们应该重点统计哪些数据？有没有一套标准化的数据统计表格，可以供大家"抄作业"？

不要着急，接下来笔者就介绍一套标准化的数据表格，方便大家在直播间复盘。

二、一套表格搞定直播复盘

笔者在历经大量的直播间实践后，原创并整理了一套标准化的数据统计表格。利用这套表格，我们不但可以分门别类地统计各类数据，还可以快速进行数据分析，找出直播间真正的问题，从而加以优化。

这套表格包括九个表格，分别为复盘总表，以及流量、商品、短视频、营销漏斗、用户、千川投放、主播能力分析、分值维护八大专项统计表。

接下来，我们就看看如何使用这些表格。

（一）复盘总表

任何一次直播复盘都需要一张复盘总表。复盘总表包括两大块，一块是开播时间统计，另一块是核心数据统计。

（1）开播时间统计包括日期、直播时间和直播时长。

（2）核心数据统计包括四个模块：流量数据、用户数据、交易数据、商品数据。

- 流量数据包含场观、峰值（开场、下播、人气、平均）、流速（开场、场中、下播）等数据。

- 用户数据包含人均停留时长、互动次数&互动率、增粉&增粉率、增团&增团率、老粉数&占比等数据。

- 交易数据包含销售总金额、UV价值、老粉成交占比率等数据。

- 商品数据包含商品成交排名、成交件数、成交人数、退款率、退款总金额、退款人数等数据。

通过以上四个模块的数据，我们基本能看出一场直播的大致情况。

这样经过一段时间后，将多场直播数据按时间顺序排列，就可以从数据的维度去分析、推导一些关键问题。下面用几个不同的场景做示例，方便大家理解。

1. 分析权重

有些人在对比账号权重增长时，喜欢去对比整场的场观、流速跟GMV规模。实际上，从更为精确的角度来看，开场极速流量的规模更能代表权重。我们可以通过开场流速和在线数据，周期性地查看账号权重的变化。

一般情况下，如果账号权重上升，开场极速流量基本是持稳或递增状态；如果账号权重下降，就会呈现多场下跌的情况。

2. 分析冷启动

在新号冷启动期，如果想要持续地获得自然推荐，就要去做互动指标的递增。呈现在表格上，就是停留、互动率、转粉率、转团率等数据的增长。通过分析这些数据，可以很好地辨别冷启动期的直播间是否在良性发展。与之相对，冷启动失败的账号，其互动数据指标的螺旋式上升一定是缺失的。

客观分析互动数据，可以极大减少主观臆想。很多时候，冷启动失败不是账号有问题，而是没做好互动指标的递增。

3. 分析看播率

看播率代表直播画面或短视频的质量。在流量结构不变的情况下，如果发现看播率持续下跌，就需要注意了。如果侧重短视频流量，就需要检测作品引导性是否出现了偏差；如果是千川投放，就需要检测投放内容否出现了问题。

4. 分析退款原因

以周为统计维度，假如GMV处于稳定或者上升的阶段，但是退款率的提升远高于成交率的提升，就需要分析是什么因素导致了退款率的提升。退款率的提升，可能是因为更换了货品，也有可能是因为直播间节奏渲染出了问题。

除此之外，结合近期发货异常的订单去周期性分析退款指标也很有必要。例如，直播间有投放付费流量并成交，却由于不可控因素导致发货延迟，结果发现退款率激增，那么就要去权衡，是否应该调整投放定向，避开不能准时发货的区域，或者减少投放。

（二）流量表

"手握流量，兴风作浪。"流量是我们在直播中重点关注的数据指标，然而并非所有直播间都需要用到流量表。

在日常的数据分析中，流量一般来自自然推荐、短视频、广告投放、关注、搜索和其他等多个渠道。如果直播间采用的是单一性结构流量，则没有必要做流量结构分析。

例如，做活动起号的直播间基本以自然推荐为主，所以作为一名合格的操盘手，完全不用统计就能记住每场自然推荐的占比。再如，做千川单品的直播间基本以付费流量为主，所以只需关注提升千川投产部分的数据即可。其他渠道的数据分析不仅没用，反而会增加时间成本。

那么，什么样的直播间需要用到流量表？答案是，多元性流量结构的直播间，即既有短视频流量，又有自然推荐和千川投放流量。正是因为此类直播间流量的多元性，才需要我们对各渠道流量占比的变化进行分析，以便找出真正的问题并加以优化。

例如，在统计一周的数据时突然发现，场观数据递减，只看复盘总表是无法知道哪个地方出现了问题，这时候就需要借助流量表。原以为是广告投放出了问题，但通过查看流量表才发现，是自然推荐减少了。

再如，曝光进入率突然急剧下降，只看复盘总表也无法分辨问题。此时查看流量表发现，这是短视频流量暴增导致的整体曝光进入率下降。

此外，流量表还能够反映一个账号的流量渠道的分配比例。如果是一个以自然推荐为主的直播间，就要时刻观察自然推荐占比的增长趋势，以及对应的流量数据的增长。

最后，通过流量表还可以得出不同渠道的流量质量，以及最终转化的成交金额等数据，从而为我们选择重点扶持哪个渠道的流量提供关键性参考。

（三）商品表

在商品表中，笔者会分别统计单场商品、7天商品、15天商品、重点商品四个维度的数据。商品表的作用可以概括为：单场分析解决排品、7天分析解决组品、15天分析解决新品、重点分析解决爆款。

（1）单场分析解决排品。单场分析指的是对刚下播场次的商品数据分析，具体包含曝光点击率、点击成交率、下单未支付率、退款率等。通过单场分析，我们能看到开场阶段的商品转化数据，以及在打单过程中不同商品的转化率。这时，结合停留时长、互动数据，我们就能判断开场商品是否需要替换；结合商品点击率、点击转化率，我们就能判断应该主打什么商品效果最佳。

（2）7天分析解决组品。通过7天的数据沉淀，我们已经能够形成比较稳定的商品数据，基本可以通过数据反馈，判断哪些品需要重点去推，哪些品应该撤换。

（3）15天分析解决新品。在这段时间内，用户基本都已完成从下单到售后反馈的阶段，我们可以从退货率、售后成本等角度去分析现有直播间各种货品，判断是否需要重新开品。

（4）重点分析解决爆款。爆款一般指的是成交规模最大的商品。我们需要从商品点击、成交转化、成交金额、成交占比的角度，去分析商品的销售趋势，从而及时找出爆款。同时，任何爆款都有生命周期，当爆款出现衰退时，都会在成交数据中出现占比下滑的情况。这时，我们就需要及时去培育新的爆款。

以上是四个维度的商品分析，如果是单品型直播间，笔者认为做好单品数据分析即可；如果是多品类直播间，就有必要分析所有维度。

（四）短视频表

在短视频方面，我们要区分自然流短视频和投放类短视频。

对自然流短视频的数据分析，不需要每个直播间都做。例如，很多采用憋单玩法的直播间，根本不注重视频流量，所以分析短视频数据的意义不大。投放类短视频需要结合直播间情况一起分析，在此不做展开。

以短视频流量为主的直播间则需要重点分析短视频数据，主要分为账号质量和带货质量两个维度。账号质量维度包含一个短视频日常的播放量、完播率、点赞率、评论率、转发率、关粉率等数据。这些数据的加权，再匹配赛马机制，基本决定了账号的流量级别。带货质量维度则包含直播曝光进入率、直播成交率以及对应的直播成交金额，这些数据真实地反映了短视频作品对直播间的贡献率。

在日常直播中，如何运用短视频表来指导我们的决策？一起看下面几个案例。

1. 考核短视频团队绩效

对短视频团队的考核，重点是作品质量和带货质量。这部分数据在抖店罗盘的视频端口即可获取。以此数据为基础，我们可以制定一个每日的考核数据标准，包含一个最低线、一个高位奖励线，要求短视频团队围绕考核标准，坚决执行。

2. 决策作品是否投放抖加

短视频的完播率、播放量、互动数据，基本体现了该视频的跑量能力。但是这还不够，还需要结合短视频的GPM、成交金额，判定其是否具备投放并盈利的潜力。

如果短视频数据短时间内还在不断爬升，并且千次成交数据高于日常中位值，就可以通过小金额多次叠加投放测试投产比，在投产比为正的情况下不断复投。

3. 哪些是黑马型短视频

借助表格的反选工具，以引流次数为负，直播间GPM、成交金额为正，形成反差即可得出一类短视频，即GMV虽然不高，但是成交比重很高的作品。

对于这类作品可以通过付费扩大流量规模，同样用小金额叠投测试，在投产比为正的情况下不断复投。

4. 纠正错误类视频模板

一个好的带货作品一定是既具备流量属性，又具备带货属性。有些作品虽然流量很大，但是实际成交金额很低。对于曝光进入率低以及进入人数高，但是成交金额低的作品，通常是作品本身形式大于内容，缺乏对商品卖点的挖掘，导致用户看完作品即走。一旦发现该类作品长期出现，我们就要选择优化视频模板或重新搭建模板。

（五）营销漏斗表

营销漏斗表是任何一个直播间都必备的数据分析表，可以帮助团队快速了解当前直播间存在的问题。

在日常的数据分析中，营销漏斗表从上到下可分为曝光进入率、商品曝光率、商品点击率、订单创建率、订单转化率五类数据。由于营销漏斗表特别重要，我们将在后文专门用一节的篇幅来详细解读，此处暂且略过。

（六）用户表

用户表可分为成交、非成交、粉丝、非粉丝四个维度，每个维度下又有不同的细分场景。对于用户数据的分析和使用，主要可分为以下四个方向。

1. 用户标签成长

一个新的直播间从冷启动期到承接期再到测爆款期的过程，就是直播间用户标签垂直化的过程。

日常直播大屏只能展示基础标签，想要查看近期的深度标签，点开"电商罗盘"中的"人群画像"即可。在这个部分，罗盘呈现了用户层的基础属性、内容偏好、购买偏好以及常见的八大人群。

这些数据从单维度去看没有任何意义。例如，你想要查看目前直播间互动人群的标签是否能够大规模支撑转化，那么要做的不是从单维度去查看某项数据，而是进行数据对比，即选取内容触达人群和消费人群进行对比。一般情况下，内容触达人群越接近消费人群画像，直播间的发展越健康，转化坡度也越平滑，反之需要思考转化断层的问题。同样，如果将"商品展示人群"与"商品交易人群"做画像对比，就能够很好地决策商品的选品方向或者投放的定向方向，避免用户层与成交层出现错配。

2. 用户标签纠正

直播间标签没有精准一说，永远都在变化。可能一个活动或一个错误排款的大规模成交，就会导致标签发生偏移。笔者在实操中也遇到过直播标签突然变得不精准的案例。对于这种情况，我们不需要去猜测原因，可以借助用户表找出真正的问题。当选取近一天或七天的商品曝光人群，与近30天的商品曝光人群进行对比时，我们就可以明显发现人群标签的变化。

对于老粉成交占比过高、自然推荐占比低、新粉成交占比过低的情况，同样可以通过用户表去分析不同的人群画像特征，做多要素对比。例如，要解决老粉成交占比高的问题，可以分析老粉的人群画像是什么，如何进行维护；要解决新粉成交占比过低的问题，可以分析新粉未成交用户的画像，制定针对性的解决方案。

3. 用户标签投放

可以将抖音小店后台的精准人群推送到千川后台去使用，但需要注意数据的选取。正常情况下，千川后台创建的都是单商品单计划。不同的商品人群包不一样，在后台进行选取时，不能直接导入后台画像，而要先进入商品人群对单商品维度进行选取。

在单商品维度的人群包使用上，为了方便做AB测试，建议选取商品点击、加购、成交人群进行分批测试。一般人群包的推送更为精准，并搭配较有竞争力的出价，一旦能跑量，就可以获得不错的投产比。

4. 用户标签运营

这部分是为了迎合铁粉系统所运用的策略。铁粉策略并不是简单地维护粉丝团，而是要对用户进行分级管理。

通过直播人群洞察，我们可以将用户分为三大人群，即粉丝&成交人群、粉丝&未成交人群、非粉丝&非成交人群。这三大人群分别代表了一到三级的用户画像，在直播策略中，可以根据不同的用户画像采取对应的维系手段。

（七）千川投放表

千川投放表主要包含计划周期性分析、数据实时性分析、千川营销漏斗优化和其他异常问题分析。

1. 计划周期性分析

对于千川数据的分析，每个人都有自己的习惯。笔者认为，无论如何分析，都不能脱离一条计划的生命周期而只去看一个数据点。这就好比同样是不想吃饭，小孩子可能是不饿，而大人可能是心情不好。所以对于同一种数据表现，不能一刀切去看待，而要将所有计划划分周期，根据周期内的数据表现找出数据背后真实的原因。

所有的千川投放计划，都可以分为上新期、培育期、成熟期、衰退期、激活期和死亡期。

（1）上新期，即大量新计划上线，仍处于无消耗或低消耗状态。在这种情况下，无须做任何分析，首先，提价去排除出价风险；其次，智能放量，调整定向风险；最后，更换素材。

（2）培育期，即开始出现有消耗爬升的计划，但是数据呈现多样化，投产比是否达标、消耗和投产是否稳定等因素都在波动中。

（3）成熟期，即度过了不稳定阶段，在投产比及格的基础上，消耗稳定并正向爬升。这部分的计划要做的就是不断深挖素材和计划价值，做差异化复制。

（4）衰退期，即计划或素材衰退，本质上反映的是计划竞争力衰退。这时需要提价以提升竞争能力，或者智能放量探索更多人群。

（5）激活期，即执行衰退期策略后，重新被激活的计划。对于这个阶段的计划，在保证投产比及格的情况下，需要不断地提价和放量。

（6）死亡期，即计划通过任何优化手段都无法继续跑量的阶段。这时就需要重新做素材裂变或重拍，不断继承爆量的素材模型。

2. 数据实时性分析

除了计划周期性分析，千川在实时投放过程中还需要实时对数据进行调整。千川大屏的核心数据由投产比、曝光进入率、进入成交率、GPM

（平均每千人下单总金额）、在线人数、停留时长。

投产比只是阶段性结果，我们应当紧盯千川主力消耗计划的分时投产情况，并据此判断是否调整投放计划。

曝光进入率反映的是当下素材质量。如果是直投，要提前设置一个参考值，作为直播进入率的"高压线"，并在直播过程中根据数据的变化实时调整直播节奏。

进入成交率要结合GPM查看，不同价位的商品对两者的影响不同。高客单价商品往往会引发成交率变低，但是一定概率上GPM会被拉升。

在线人数要结合流速和GPM一起分析。分析在线人数不是分析当前消耗快慢，而是在当前的在线数据下，是否还能保证正常的GPM。每个主播的流速承接能力不一，有些主播能最多承接300人在线，有些只能承接最高50人在线。需要特别注意的是，如果主播承接能力不够，无法承接较高的在线人数，那么宁可压低千川消耗也不要无谓地去放大流量。

停留时长则意味着直播间对于该用户的吸引力。需要注意的是，因为千川投放的用户大多相对精准且带有明确的购买意愿，很可能买了商品就直接离开。所以有千川投放的直播间的停留时长一般会短于流量来源纯粹是自然推荐的直播间。

在千川大屏中，不用关注流量来源，营销漏斗可至今日复盘中查看。按照以上要求实时优化，创意排序在直播中可进入计划后台查看实时排序，下播后则直接跳转至今日复盘中的短视频素材库进行分析。

计划排序同样如此，千川大屏只是展示，优化操作都需要进入千川投放后台。至于商品排序，若进行多品投放，就要注意随时与直播间保持沟通，保持直播端和投放端步调一致。

3. 千川营销漏斗优化

对千川后台所有计划从一开始就进行周期管理，就能够实时优化计划效果。但是，千川投放的效果并不完全由投放端决定，还涉及直播间的"人货场"，因此在进行直播间营销漏斗分析时，有必要针对千川的独立营销漏斗进行拆解。

此外，还有诸如账户异常、投放系统异常等其他问题，也需要在复盘时格外留意。

（八）主播能力分析表

主播能力分析表主要包含引流、留人、互动、吸粉、转化五大维度，也可称为主播的"五力模型"。

引流能力，即主播吸引用户进入直播间的能力，对应数据为直播间进入率；留人能力，即主播吸引用户停留在直播间的能力，停留越久，留人能力越强，对应数据为直播间停留时长；互动能力，即主播吸引用户点赞、评论的能力，对应数据为评论率、点赞率；吸粉能力，即主播吸引用户关注、加粉丝团的能力，对应数据为增粉率、增团率；转化能力，即主播吸引用户在直播间成交的能力，对应数据为点击成交率、GPM。

这个主播能力分析表是任何直播间都适用的主播培养及能力对比工具。

如果是单个主播的直播间，从开播之日起即可以周为单位记录和分析主播的五大能力指数，根据其数据反馈出的优劣势，有针对性地加以优化；如果是多个主播轮播型的直播间，可以通过抖音小店后台或者运用第三方数据工具的场控功能，分别监测记录每个主播的相关数据。再通过数据汇总和分析，就可以得出不同主播的能力模型。

将主播能力以五力模型的方式进行数据化呈现，我们还能够做出更多有针对性的优化。一方面，我们可以让某项能力存在短板的主播向该项能力突出的主播进行学习，达到互相学习和提升的效果；另一方面，我们可以根据不同的直播要求，选择适合的主播，充分发挥不同主播的优势。例如，对于重要场次的直播，可以挑选转化能力更强的主播；对于冷启动期的直播，可以挑选留人、互动能力更强的主播。

（九）分值维护表

分值维护表包含账号口碑分、账号信用分和小店体验分三大分值，以及商品质量、商品售后、客户服务等相关细化指标。

这些分值非常重要，直接关乎直播间的"生死"。笔者在早期没有建立分值维护表时，一年"死亡"的账号跟小店不计其数。后续引入这张表以后，情况才得到了很大好转。我们可以指定专门的人员，每天记录相应数据。在一段时间后，查看这些分值数据的变化，就可以及时发现异常数据，并进行针对性的维护，以避免分值进一步下跌。

第二节

如何优化营销漏斗

对一名合格的操盘手来说，营销漏斗的优化是其必备技能之一。前文也提到了，营销漏斗的优化是数据分析的重中之重。所以本节将给大家详细介绍营销漏斗的数据化分析和优化技巧。

一、营销漏斗的转化率分析

在抖音电商罗盘中，点击"直播列表"中某场直播的"详情"，就可以看到如图10-1所示的"成交转化漏斗"。

我们可以看到，成交转化漏斗从上到下按照转化层次的深度顺序排列，依次为直播间曝光人数、直播间进入人数、商品曝光人数、商品点击人数、成交人数。在日常直播中，我们习惯将上述转化流程再进一步细化，分为直播间曝光点击率、购物车点击率、商品链接点击率、订单创建率、订单转化率五个层级。这样的漏斗就是俗称的"营销漏斗"。从用户观看直播的行为轨迹来看，营销漏斗的五个层级对应了用户从看到、点击、停留、下单、支付的全过程。从最初的直播间曝光量到最终的成交量，营销漏斗逐层缩小的过程，表示不断有用户离开直播间或未进行购买行为。

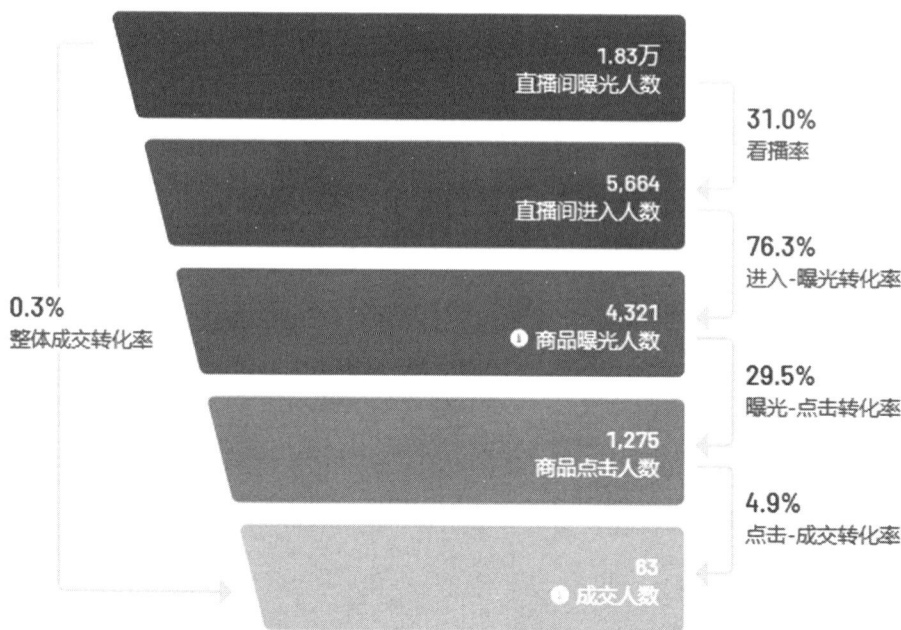

图10-1　成交转化漏斗

营销漏斗的每一层影响其转化的核心因素都不一样，下面我们逐层进行分析。

1. 直播间曝光点击率

营销漏斗的第一层是直播间曝光点击率（看播率）。

所谓直播间曝光，是指直播间被算法推送到用户面前，也就是通常所说的"刷到"。直播间曝光的具体呈现形式又分为直播间素材（直播间实时画面）和短视频素材两种，主要影响因素如图10-2所示。

（1）直播间素材。呈现在用户面前的实时画面，它的点击率高低与否，取决于场景、商品、主播三个核心要素。

首先是场景，包括背景板、商品展示台、灯光等硬件布局，以及直播间贴纸、活动福利、尺码大小等软性布局。点击率高的直播间画面，一定会在直播间场景上下功夫，例如，在雪山场景下卖羽绒服，在宫廷剧的场景下卖美妆商品。

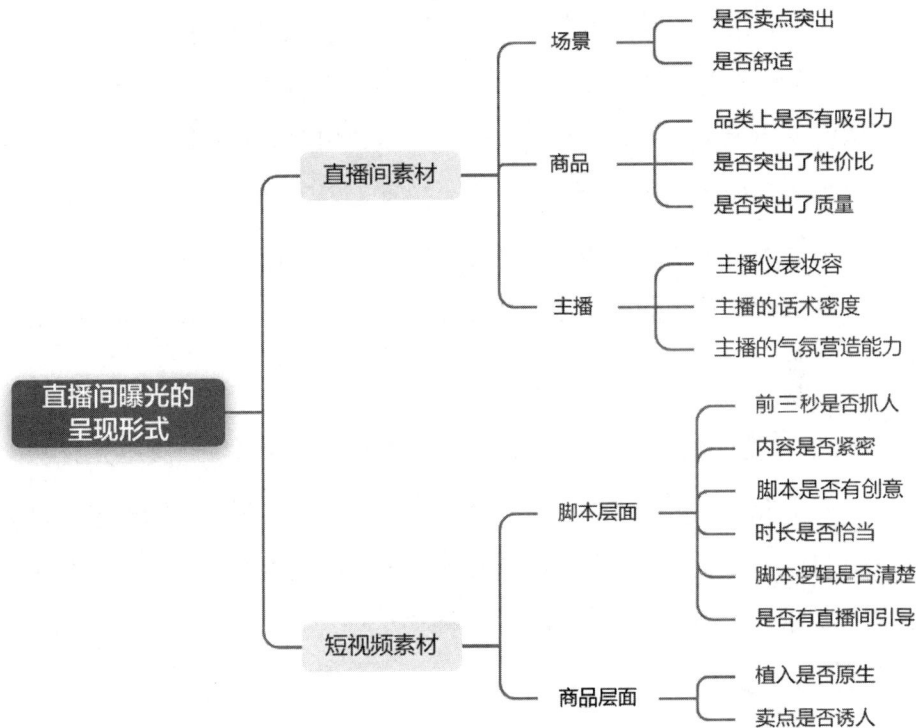

图10-2　直播间曝光的呈现形式

其次是商品，其对用户是否有吸引力是影响点击率的首要因素，因为没有人愿意为自己不喜欢的商品浪费时间。除此之外，商品的展示方式也很重要。很多商品很好，但缺乏很好的卖点展示，反而难以吸引用户。对于直播间的商品来说，直观的视觉效果冲击力远远大于苍白的语言介绍。例如，同样一款去污类商品，一个直播间讲得天花乱坠，另一个直播间直接做现场演示展示商品的去污效果，显然第二种方式给用户的冲击力更强。

最后是主播。直播间未必全靠颜值，但主播的仪表妆容不容忽视。例如，服装类直播间，穿衣服好看的主播就是一个"行走的衣架"，用户下单都不需要主播张口。

除了仪表妆容，更重要的是主播的话术密度和气氛营造能力。用户看到的是直播间实时画面，这就要求主播话术中卖点的密集度要高，以免因为话术空泛不吸引人导致用户流失。而且多数用户喜欢看热闹，看到气氛热烈、语速急切的主播，大多都想驻足停留看看发生了什么，这就又对主播的感染力提出了要求，需要在直播间内营造出热闹的气氛。与之相比，直播间氛围较为平淡的平播型直播间，就更需要靠话术的卖点来吸引用户点击。

（2）短视频素材。前三秒是否抓人、内容是否紧密、脚本是否有创意、时长是否恰当、脚本逻辑是否清楚，基本决定了视频的完播率。但是想要将用户导流进入直播间，还需要考虑视频中是否植入了商品、商品卖点是否突出。只有保证了短视频的内容效果，并且做到了商品的充分植入，才能更好地提升短视频素材的点击率。

以上我们就直播间素材和短视频素材的各个影响因素进行了逐一拆解，如果你的直播间在这一层级的数据表现不好，可对照上述因素逐一分析，看看究竟是哪些环节出现了问题。

2. 购物车点击率

营销漏斗的第二层就是购物车点击率，它主要受四大因素的影响，如图10-3所示。

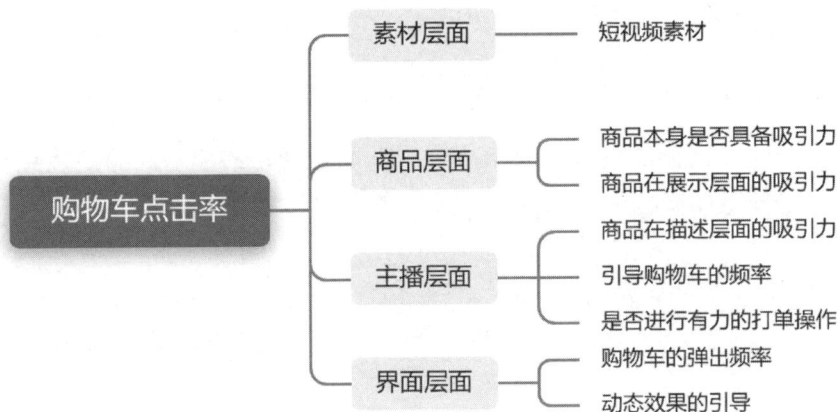

图10-3 购物车点击率的影响因素

（1）素材层面。用户如果是通过短视频跳转进入直播间（上文提到的短视频素材），发现短视频提到的商品与直播间商品不匹配，甚至压根没有，就很可能退出直播间。

（2）商品层面。短视频提及的商品虽然与直播间商品相关，但是如果商品卖点没有在直播间里得到很好的展示，或者商品在短视频和直播间里看起来的反差太大，用户也会退出。

（3）主播层面。用户是否点击购物车，很大程度上依赖于主播的引导，包括主播的商品讲解是否吸引用户、主播引导用户点击购物车的频率是否够高，以及主播在打单（正式销售）的临门一脚时，话术、表情和动作是否配合到位……这些主播层面的因素都会影响到用户对购物车的点击。

（4）界面层面。这点主要是指商品弹窗的弹出频率以及直播间动态箭头贴纸的引导等。商品弹窗多，意味着商品信息触达到用户的次数就多。而动态贴纸的引导，是为了尽量让用户在没有干扰信息的情况下快速进入购物流程。

3. 商品链接点击率

营销漏斗的第三层是商品链接点击率。购物车是用户接触商品的窗口，而是否点击商品链接反映了用户对商品是否感兴趣。商品链接点击率又受三个因素的影响，如图10-4所示。

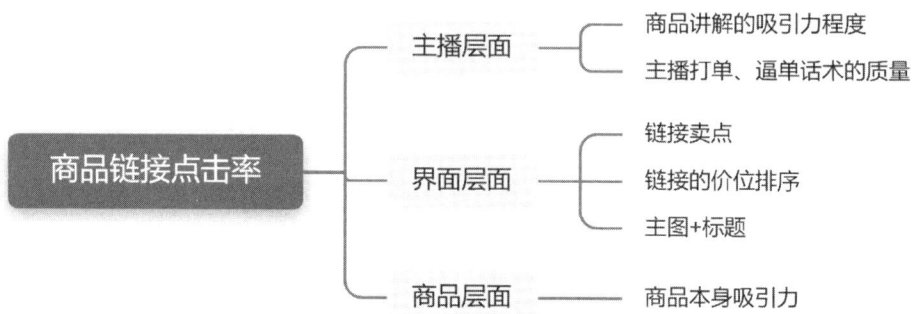

图10-4　商品链接点击率的影响因素

（1）主播层面。主播是影响商品点击率的重要因素。某商品链接点击的高峰时段，基本就是主播讲解该商品的时段。主播对一个款式讲解的吸引力程度，打单、逼单话术的质量，都会影响用户对单个链接的点击。

（2）界面层面。用户进入购物车，点击一款商品，还会受到商品视觉卖点的影响。链接的主图、标题、红字卖点以及链接在购物车当中的价位排序，都是日常优化商品点击率必须注意到的细节。

（3）商品层面。用户可能对弹窗中的商品感兴趣，但是并不代表对所有的上架商品都感兴趣。抖音上的用户大多是抱着逛街的心态，如果购物车内很多商品质量、价位不符合其预期，同样也会降低商品的点击率。

4. 订单创建率

营销漏斗的第四层是订单创建率。该层意味着用户被"种草"后，真

216

正进入了下单支付的环节。我们同样可以从主播、界面、商品三个层面去分析影响订单创建率的因素，如图10-5所示。

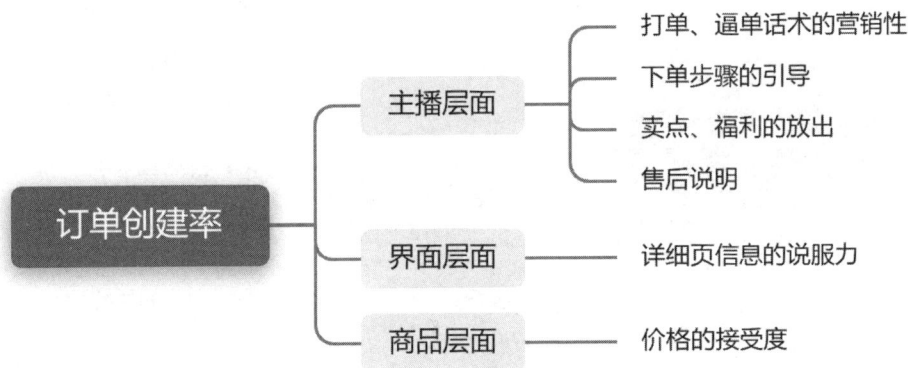

图10-5　订单创建率的影响因素

（1）主播层面。用户点击商品链接后，如果主播引导下单的话术乏力，说服不了用户马上下单，就可能导致订单创建率偏低。订单创建率高的直播间一定会在开价前不断烘托直播气氛，塑造商品的差异价值，释放撬动用户成交的福利，最终促使用户做出下单的行为。

（2）界面层面。与上面的商品点击率一样，商品的详情页优化在这个环节同样很重要。笔者早期做的一个服装账号，选品、主播能力都不差，但是详情页制作比较粗糙，部分用户到了下单环节，看到商品详情页潦草不堪就关闭了订单。

（3）商品层面。不容忽视的还有商品的价格。有时用户对商品确实感兴趣，但是受限于价格，或者无法选到适合自己的规格、颜色，也会影响直播间的订单创建率。

5. 订单转化率

营销漏斗的最后一层，就是订单转化率。其影响因素如图10-6所示。

217

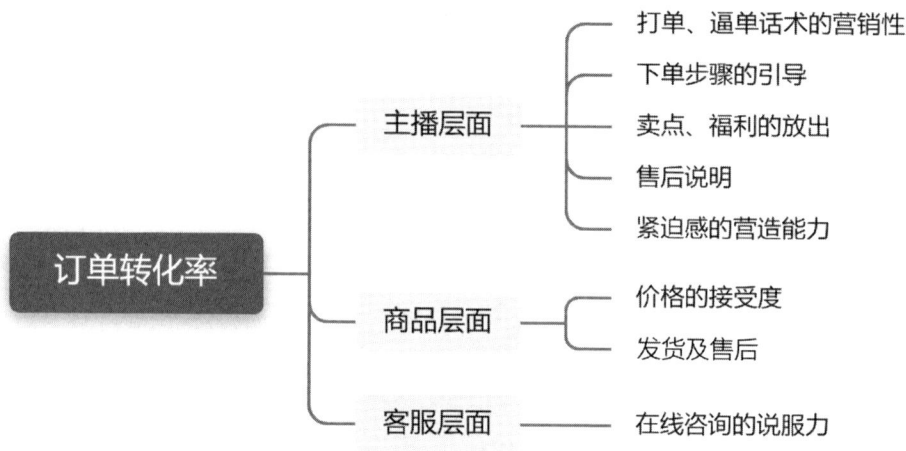

图10-6　订单转化率的影响因素

在这一层，我们要思考的是，既然用户都已经创建了订单，但为什么没有支付？

（1）主播层面。在最后成交阶段，主播是否充分利用了商品的附加福利，完成了对用户的临门一脚，即我们说的福利式逼单？另外，还有逼单氛围的塑造，即做得好的直播间大多都善于把握用户心理，他们会去营造过了这个村就没这个店的紧张和稀缺的氛围，甚至让用户觉得现在不下单就亏了。

（2）商品层面。在支付环节容易出现两个问题。一是价格的接受度，用户对商品很感兴趣，规格、颜色都没问题，但最终可能因为价格的问题放弃下单。纵观各直播间的数据，客单价越高的直播间，订单创建率与订单支付率的差距越大。二是发货及售后问题。在付款环节，用户多会考虑售后问题，如发货时间、正品保证、退货换等。如果主播不加以强调，则会影响实际付款的比例。

（3）客服层面。做过后台运营的人都知道，直播逼单的环节就是客服工作量最大的环节。优惠、价格、发货、售后等问题很多，如果后台客服处理得不及时，也会影响实际支付率。

二、营销漏斗复盘技巧

在上一节笔者用了大量篇幅就营销漏斗进行了详细拆解，我们可以明显地看到，整个营销漏斗从上到下的每一层都存在着很多影响因素。但在实操过程中，笔者发现很多人对待营销漏斗习惯走马观花，只看不归纳。这种复盘方式很难对直播间的优化提出建设性意见，甚至难以定位到真正的问题。试想，打开小店后台，面对如此多的数据，单纯地按照时间段挨个翻看，能看出一个所以然吗？

既然走马观花不行，那最好还是利用表格，做系统性的梳理和对比。

表10-1是笔者所用的营销漏斗优化表。从中我们可以很直观地看到某一层的漏斗指标的数据表现。这段时间是连续上升，还是略有下跌，抑或是起伏不定？在表10-1中，数据的变化一目了然。

另外，针对营销漏斗的数据统计和分析，除了单纯对比，还需要设定目标值，并以这个目标值去衡量每一场直播的各个维度的表现。我们可以按照两种方式设定目标值，第一种是按照上一周期的最佳数据，作为下一周期的目标。例如，上轮的最佳购物车点击率是92%，那么92%就可以作为本轮每天的购物车点击的对标数值。第二种则是根据同行的相关数据进行设定。因为我们每一次直播都是在和同行做实时赛马，所以优秀同行的相关数据也是我们必须去达成甚至超越的目标。

表 10-1　营销漏斗优化表

时间	直播间曝光人数	直播间进入人数	看播率（标准6%）	商品曝光人数	进入-曝光转化率（及格92%）	商品点击人数	曝光-点击转化率（及格45%）	创建订单人数	点击-生单转化率（标准12%）	成交人数	点击-成交转化率（标准95%）
2021-10-01	400 500	15 600	3.90%	14 100	90.38%	3 615	25.64%	327	9.05%	299	91.44%
2021-10-02	252 700	13 500	5.34%	12 100	89.63%	2 760	22.81%	249	9.02%	234	93.98%
2021-10-03	391 600	15 500	3.96%	13 900	89.68%	3 824	27.51%	380	9.94%	356	93.68%
2021-10-04	243 200	14 400	5.92%	13 000	90.28%	3 020	23.23%	303	10.03%	281	92.74%
2021-10-05	388 500	15 100	3.89%	13 900	92.05%	4 721	33.96%	463	9.81%	420	90.71%
2021-10-06	293 600	13 600	4.63%	12 300	90.44%	3 665	29.80%	297	8.10%	272	91.58%
2021-10-07	3 118 200	24 300	0.78%	20 300	83.54%	4 530	22.32%	228	5.03%	211	92.54%

看播率

素材：
1.千川素材是否优质
2.直播间场景是否舒适（画面颜色、产品颜色的鲜明度）
3.直播间画面是否吸引力、直播间商品是否突出
4.素材商品是否突出
5.优化率在这个时间段连续输出优质话术

主播：
1.主播优质话术密集程度
2.主播有没有在这个时间段的打单操作
3.主播外貌
4.主播营造的直播间氛围

进入-曝光转化率

购物车点击率

素材：
短视频素材

商品层面：
商品本身是否有吸引力
商品展示是否有吸引力

主播层面：
商品在描述层面是否有吸引力
引导购物车的打单的频率

界面层面：
购物车弹出的频率
动态效果引导

曝光-点击转化率

商品链接点击率

主播层面：
商品讲解的吸引力引导不够

商品层面：
商品引导吸引的打单、通单质量

界面层面：
链接的卖点
链接的价位排版
主图和标题
限时秒杀等活动玩法

商品本身：
商品本身吸引力

点击-生单转化率

订单创建率

主播层面：
订单、通单话术营销引导
打单步骤突出
卖点、福利的放出
售后说明

界面层面：
详情页信息的说服力

商品层面：
价格的接受度

点击-成交转化率

订单转化率

主播层面：
订单、通单话术的营销
造性
下单步骤引导
卖点、福利的放出
紧迫感营销能力够不够

商品层面：
价格的接受度
发货时间

客服层面：
在线咨询的说服力

在时间维度上，漏斗数据的对比建议至少以一周为周期。一两天的数据波动性很大，而按一周及一周以上的周期进行对比，才有实际意义，也更能看出直播间的真实水平。我们可以汇总分析一周的数据，将漏斗每一层的数据与此前设定的目标值进行对比，就能发现直播间的不足之处。在这个过程中，如果发现某一层数据呈现下降趋势，则可以有针对性地去分析和解决问题。

需要注意的是，在进行漏斗数据分析时，有时需要结合其他复盘表一起查看。例如，发现曝光进入率降低之后，要看流量表中各流量渠道单独的曝光进入率，这样才能找出真正的问题。如同笔者在前文中多次强调的，不要从单一维度去查看直播间的问题，而应该建立系统性的判断逻辑。

反侵权盗版声明

电子工业出版社依法对本作品享有专有出版权。任何未经权利人书面许可，复制、销售或通过信息网络传播本作品的行为；歪曲、篡改、剽窃本作品的行为，均违反《中华人民共和国著作权法》，其行为人应承担相应的民事责任和行政责任，构成犯罪的，将被依法追究刑事责任。

为了维护市场秩序，保护权利人的合法权益，我社将依法查处和打击侵权盗版的单位和个人。欢迎社会各界人士积极举报侵权盗版行为，本社将奖励举报有功人员，并保证举报人的信息不被泄露。

举报电话：（010）88254396；（010）88258888

传　　真：（010）88254397

E-mail：　dbqq@phei.com.cn

通信地址：北京市万寿路 173 信箱

　　　　　电子工业出版社总编办公室

邮　　编：100036